PER J. ANDERSSON

Vom Schweden, der den Zug nahm und um die Welt reiste

*Aus dem Schwedischen
von Susanne Dahmann*

C.H.BECK

Die hier versammelten Texte sind dem Werk Per J. Anderssons,
Vom Schweden der den Zug nahm und die Welt mit anderen Augen sah
(²2020) entnommen und für die vorliegende Ausgabe in leicht
gekürzter Form zusammengestellt worden. Die Originalausgabe
erschien unter dem Titel *Ta tåget*
© Ordfront Förlag, Stockholm 2019

Für die deutsche Ausgabe:
© Verlag C.H.Beck oHG, München 2022
www.chbeck.de
Umschlaggestaltung: Konstanze Berner, München
nach dem Originalcover von geviert.com, Andrea Hollrieth
unter Verwendung einer Illustration von Paul Boston
Vignetten: Shutterstock
Satz: C.H.Beck.Media.Solutions, Nördlingen
Druck und Bindung: Pustet, Regensburg
Gedruckt auf säurefreiem und alterungsbeständigem Papier
Printed in Germany
ISBN 978 3 406 79287 8

klimaneutral produziert
www.chbeck.de/nachhaltig

Inhalt

Vorwort

Großmutter und ich nahmen den Zug. So hat es angefangen. Wir fuhren von Bohuslän, wo meine Familie lebte, zu ihr und Großvater hinauf nach Dalarna. Ich war fünf Jahre alt, und sie war frisch gebackene Rentnerin. Während ihres Berufslebens hatte sie im Bahnhofsrestaurant von Krylbo als Kellnerin gearbeitet und auch in den Zügen nach Stockholm Butterbrote verkauft. Großvater hatte im Stellwerk Waggons und Loks gewechselt und war im Laufe der Zeit Stellwerksmeister und dann Stationsvorsteher geworden.

Wir fuhren mit dem sogenannten *Snälltåg*. So wurden diese etwas schnelleren Züge in einer Verschwedischung des deutschen Wortes *schnell* genannt. Nun heißt *snäll* auf Schwedisch aber *nett*, und ich glaubte natürlich, die Züge würden so heißen, weil alle, die dort arbeiteten, wie auch meine Großmutter, sehr, sehr nett waren. Irgendwie glaube ich das heute immer noch. Deshalb war ich besonders erstaunt, als ich kürzlich erst lernte, dass das schwedische *snäll* tatsächlich seinen Wortursprung im deutschen *schnell* hat, dass das Wort dann aber eine ausgedehnte Bedeutungsveränderung von erst *aktiv*, *lebendig* und *schnell* zu *geschickt* und *brillant* durchgemacht hat, um dann zu *begabt, klug* und am Ende zu *nett, freundlich* zu werden.

Die Expansion der Eisenbahn hatte dafür gesorgt,
dass meine Großeltern ein anderes Leben hatten wählen
können, als ihre Eltern es gelebt hatten. Sie hatten die
Bauernhöfe in Grytnäs und Jularbo, auf denen sie aufgewachsen waren, verlassen und in den kleinen Ort Krylbo
mit dem Bahnknotenpunkt ziehen können, wo sie sichere staatliche Anstellungen im Dienst der neuen Infrastruktur fanden. Als Eisenbahnbedienstete bekamen
sie Freifahrten. Sie besaßen niemals ein Auto oder einen
Führerschein. Die wenigen Urlaubsreisen, die sie machten, unternahmen sie mit der Bahn. Die Eisenbahn war
eine Zukunftsbranche, und sie waren dabei. Auf diese
Weise bekamen sie Essen auf den Tisch, wachsenden
Wohlstand und eine Zukunft, sodass sie bald aus der engen Mietwohnung ausziehen und sich ein eigenes Haus
bauen konnten. Die Eisenbahn schenkte ihnen Sicherheit, die es ihnen auch ermöglichte, vier Kinder großzuziehen.

Früher habe ich nie so gedacht, und es ist auch nichts,
worüber wir in der Familie gesprochen haben. Vielleicht
weil es selbstverständlich war. Doch je häufiger ich
meinen Vater über die verschiedenen Berufe, die meine
Vorväter hatten, ausgefragt habe, desto klarer wurde
mir, welche entscheidende Rolle die Eisenbahn auch auf
seiner Seite der Familie spielte. Einer seiner ersten Jobs
war das Rangieren von Güterwaggons, während sein

Vater wiederum erst Heizer auf den Dampfloks der Södra Dalarnes Eisenbahn-Aktiengesellschaft war. Nach dem Ende des Ersten Weltkriegs wechselte mein Großvater väterlicherseits in die Metallindustrie nach Surhammars bruk – seit 1866 einer der größten europäischen Hersteller von Eisenbahnrädern und -achsen. Und nach dem Zweiten Weltkrieg ging er zum Eisenwerk Avesta, das Stehtoiletten aus Blech für die Indian Railways herstellte.

Als ich als Teenager begann, selbständig zu reisen, war es die Eisenbahn, die mich in die Welt hinausbrachte, weil sie einfach, praktisch und vor allem die billigste Alternative war. Wenn es einen Zug gab, dann nahm ich selbstverständlich den. Mit einem preiswerten Jugendticket, das Transalpino hieß, reiste ich über Trelleborg, Sassnitz, Berlin, Prag und Belgrad nach Athen. Von dort nahm ich das Schiff nach Israel, dann ging es mit dem Bus weiter nach Ägypten, bevor ich die Fahrt per Zug von Kairo den Nil herunter bis Luxor fortsetzte. Später reiste ich mit dem Interrailticket durch Europa, besuchte Freunde von früheren Reisen, sprang auf die Fähre nach Tanger und dann in den Zug nach Marrakesch und … ja, ich fühlte mich wie ein echter Kosmopolit.

Nachdem ich in Europa, dem Nahen Osten und Nordafrika gewesen war, begab ich mich nach Osten. Doch nach Asien flog ich. Der Landweg durch den Iran und Afghanistan war zu unsicher geworden. Zu Beginn der Achtzigerjahre gab es aber auch keine Klimadebatte. Die meisten glaubten, die Umweltzerstörung käme durch Benzinabgase, Waschmittel mit Phosphaten, Industrieausstöße und Kernkraftmüll. Wenn es ein Transportmittel gab, das schlecht für die Umwelt war, dann war es das Auto. Das Flugzeug hinterließ nur einen schimmernden Kondensstreifen. Der konnte doch wohl niemandem schaden, oder?

In Indien selbst bewegte ich mich dann fast ausschließlich mit dem Zug. Selbst dort war das Fliegen zu teuer und darüber hinaus ebenso langweilig und anonym wie überall. Der Zug war immer meine erste Wahl.

Die langen Zugreisen, die auch viele Stunden schweigender Betrachtung der Landschaften vor dem Fenster boten, halfen mir, meinen eigenen Gedanken nachzugehen. Einen Gedanken zu Ende zu denken. Sonst wird man ja in seinem Nachdenken so oft unterbrochen.

Zwischen den Zugreisen wurden im Laufe der Zeit die Flugreisen immer zahlreicher, und dies vor allem aufgrund meines Berufes als Reiseschriftsteller. Doch wie die meisten anderen Menschen dehnte auch ich meine privaten Urlaubsflüge ins Ausland aus, als die Preise für ein Flugticket sanken, während gleichzeitig die Zugfahrkarten teurer wurden.

Als die Auswirkungen des Kohlendioxid-Ausstoßes auf das Klima im Zusammenhang mit der Premiere von Al

Gores Film *Eine unbequeme Wahrheit* 2006 und im folgenden Jahr durch einen Bericht des Weltklimarates der Vereinten Nationen IPCC zu einer heiß diskutierten globalen Frage wurden, begann ich, mich mit den Argumenten auseinanderzusetzen, dass ein Viertel von Europas Kohlendioxid-Ausstoß aus der Verbrennung fossiler Brennstoffe durch Transporte herrührt, und dass das Auto zwar durchaus der schlimmste Sündenbock ist, aber dass Fliegen und Seefahrt gleich an zweiter Stelle kommen. Ich verkaufte das Auto, fuhr innerhalb Schwedens mehr mit dem Zug, flog aber weiterhin, wenn ich den Rest der Welt besuchte. Es war so unkompliziert und preiswert, und zu reisen und zu schreiben war schließlich immer noch mein Beruf.

Erst als ich kürzlich eingeladen wurde, auf einem Literaturfestival auf Bali über eines meiner Bücher zu sprechen, wuchsen all die kleinen, durch Unmengen von Zeitungsartikeln vermittelten Besorgnismomente zu dem starken Gefühl, dass mit dem Reiseverhalten von mir und meinen Zeitgenossen irgendetwas grundsätzlich nicht stimmte. Das Flugticket nach Bali hin und zurück bedeutet ja fast dreitausend Meilen Flug. Zum ersten Mal riefen all die Umweltfakten, über die ich gelesen hatte – und über die ich selbst Artikel geschrieben hatte –, ein unbehagliches Gefühl hervor. Selbst wenn das Festival zu unschätzbaren Begegnungen mit Schriftstellern aus der ganzen Welt (die wohl kaum durch Skype-Gespräche am Computer hätten ersetzt werden können) einlud, so trug ich doch mit nur einer einzigen derart langen Flugreise zu einem größeren Ausstoß an Treibhausgasen bei, als ich in meinem ganzen Leben durch alle U-Bahnfahrten zur Arbeit produziert hatte. Mir wurde klar, dass ich die Augen nicht mehr vor der Tatsache verschließen konnte, dass ich, der begeisterte Weltreisende, ein Teil des Problems war.

Doch dann erwachten meine Verteidigungsmechanismen zum Leben. So sind wir einfach, wir Menschen. Was spielte es für eine Rolle, ob ich mich noch in jenes Flugzeug dazu setzte oder nicht? Es würde ja in jedem Fall fliegen und seine Treibhausgase ausstoßen, auch wenn ich am Boden blieb. Sofort fühlte sich alles besser an. Doch der bittere Nachgeschmack des schlechten Gewissens kehrte zurück. Also machte ich einen Test im Netz, um zu sehen, wie groß der Kohlendioxid-Ausstoß war, den mein Lebensstil verursachte. Vielleicht war es ja gar nicht so schlimm, wie ich dachte? Und zu Beginn sah es gut aus, weil ich in einer Wohnung in der Stadt lebe, immer noch kein Auto habe, sondern im Alltag stets zu Fuß gehe, mit dem Fahrrad fahre oder Zug oder U-Bahn nehme. Außerdem esse ich nur wenig Fleisch und kaufe sehr selten neue Kleidung. Das ergab im Test, dass meine Werte nur halb so hoch waren wie die des Durchschnittseuropäers. Ich hatte das Gefühl, aufatmen zu können. Vielleicht war mein Lebensstil sogar vorbildlich? War ich kein Sünder, sondern ein Büßender?

Doch in meinem tiefsten Innern wusste ich, dass das nicht stimmte. Denn bisher hatte ich nur getestet, wie ich den Alltag in meiner Heimatstadt verbrachte. Dann waren da aber noch meine beruflichen Reisen in die Welt, die ich zwar immer öfter mit dem Zug unternahm, aber immer noch auch mit dem Flugzeug.

Ich sah mich gezwungen, ein weiteres Mal zur Verteidigung meines eigenen Verhaltens anzusetzen. Was brachte es schon groß, wenn ich mich veränderte, während die Gesellschaft um mich herum weiter Fleisch und Milch genoss, sich alle zwei Jahre ein neues Handy gönnte, mit ihren Autos rumbrauste und nach London flog, um zu shoppen, und nach Thailand, um in der Sonne zu liegen?

Ist es nicht wichtiger, wenn ich mich in einer Partei, einer Vereinigung oder Kampagne engagiere, anstatt die Klimakrise als etwas zu betrachten, das nur meine eigenen Gefühle betrifft? Ist es nicht besser, wenn ich versuche, die Politik, das System, die Strukturen zu verändern, und in den Sozialen Medien mit meinen Zugreisen angebe, anstatt mich dauernd vor mir selbst zu rechtfertigen?

Denn man kann ja wohl die Verantwortung für das Klima der Erde nicht auf die Schultern einzelner Individuen legen, oder? Ich erinnerte mich an eine Rundfunksendung mit einem Philosophen, dem die Frage gestellt wurde, ob es nicht Heuchelei sei, als Parlamentarier darauf hinzuarbeiten, das Klima zu retten, und im Privatleben weiterhin zu fliegen und Auto zu fahren. Der Philosoph antwortete zu meinem Erstaunen, dass es nicht moralisch verwerflich sein müsse, eine Sache zu propagieren, aber eine andere zu tun. Schließlich leben wir in einer Gesellschaft, die den Flugzeugtreibstoff steuerfrei gestellt hat und auf eine Weise aufgebaut ist, dass viele Menschen gar nicht ohne Auto auskommen. In diesem System sitzen wir Bürger fest, und es reicht schon aus, politisch aktiv zu sein, um die Struktur zu verändern. Dann noch zu verlangen, dass jedermann auch in seinen persönlichen Bedürfnissen vorbildhaft auftritt, ist für den einzelnen Bürger des Guten zu viel. Der Philosoph im Radio gab mir also Argumente an die Hand, eine Sache zu sagen und eine andere zu tun, sodass ich mich nicht als Handlungsreisenden in Sachen Doppelmoral betrachten musste.

Doch ganz so einfach ist es nicht. Der Rechtfertigungsversuch, dass das Flugzeug ohnehin fliegt, auch wenn ich eine andere Reiseform wähle, ist sogar nachgerade bescheuert. Ein Gedankensalto. Und das Argument des Philosophen, dass man lieber an einer Systemveränderung arbeiten sollte, anstatt sein eigenes Verhalten zu ändern, ist rational und logisch, aber man kann doch nicht einfach die Gefühle ignorieren, welche durch all die neuen Informationen über den Klimawandel verursacht werden.

Um meinen inneren Konflikt zwischen der Neugier auf die Welt und der Sorge ums Klima zu lösen, kam ich darauf, dass ich wohl beides tun muss. Ich muss sowohl dafür sorgen, dass die Frage politisch wird, als auch öfter den Zug nehmen. Und mir wurde klar, dass dies das perfekte Gegenmittel gegen die höchst belastende Kombination aus krankhafter Reiselust und Klimaangst ist. Ich heile zwei Krankheiten und löse ein moralisches Dilemma – alles mit einem Schlag. Denn selbst ich möchte abends in dem Gefühl einschlafen, nicht die Hauptursache des Problems zu sein, sondern ein Teil der Lösung.

Doch wenn man den Klimaforschern zuhört, dann scheint es bald keine Rolle mehr zu spielen, welche Strategie wir wählen. Die Zeit der Scham ist vorbei. Jetzt ist Panik angesagt. Das zumindest hat die Klimaaktivistin Greta Thunberg gesagt, als sie 2019 vor den Mächtigen der Welt auf dem Wirtschaftsgipfel von Davos und vor dem Umwelt- und Gesundheitsausschuss des EU-Parlaments in Straßburg sprach. Und das findet auch David Wallace-Wells, Redakteur beim New York Magazine und Autor der jüngst herausgegebenen Streitschrift *Die unbewohnbare Erde*. Die immer extremeren Wetterverhältnisse der letzten Jahre haben dazu geführt, dass Wissenschaftler, die bisher versuchten, in ihren Schlüssen ausgeglichen und vorsichtig zu sein, immer alarmierender klingen. Der Bericht des IPCC im Herbst 2018 erhielt den Spitznamen *Weltuntergangsbericht*, und ein Abgeordneter der UNO verglich ihn mit einem «ohrenbetäubenden, durchdringenden Feueralarm aus der

Küche». Die Botschaft der Wissenschaftler war, dass es an der Zeit sei, richtig Angst zu haben. Je länger wir warteten, desto schlimmer werde es. «Panik kann einem kontraproduktiv vorkommen, aber wir haben einen Punkt erreicht, an dem Alarmismus und Katastrophendenken von entscheidendem Wert sind ...», schreibt Wallace-Wells. Und was kann schon ein stärkeres Gefühl der Eile erzeugen als eben Angst?

Auf diese Weise können auch unsere höchst privaten Gefühle eine Hilfe auf dem Weg zu einer nachhaltigen Gesellschaft sein. Scham ist ein Gefühl, das uns meldet, wenn wir unsere eigenen Taten in Relation zu anderen Menschen stellen müssen, wenn wir nicht nur uns selbst, sondern auch ihnen gegenüber Verantwortung haben. Im Grunde geht es auch darum, dass wir es richtig machen wollen. Das Bedürfnis des Menschen, sich in seiner Herde sozialverträglich zu verhalten, ist eine Urkraft. Im Guten wie im Bösen. Die psychologische Eigenschaft kann sowohl destruktive wie konstruktive Kräfte in Gang setzen.

Was in den Augen der Gesellschaft ethisch korrekt ist, ist kein Naturgesetz, sondern verändert sich mit neuem Wissen und neuen Erkenntnissen. Zunächst war das Fliegen ein erstrebenswerter Luxus und Eitelkeit (etwas, wonach alle strebten), dann wurde es ein Massenobjekt (etwas, was alle taten), und jetzt ist es mit Scham belegt (etwas, wovon eine wachsende Gruppe Reisender meint, es verringern zu müssen). Vor einigen Jahren wurden Zugreisen über den Kontinent als anachronistisch betrachtet, etwas, was nur radikale Umweltfuzzis und grauhaarige Nostalgiker unternahmen. Jetzt ist es der neueste Schrei in der jungen urbanen Mittelschicht.

Haltungen können sich schnell ändern. Da muss man nur an all die Verhaltensweisen denken, die vor nicht langer Zeit ethisch okay waren, es aber nicht mehr sind. Autofahren ohne Sicherheitsgurt, Kinder züchtigen, damit sie gehorchen lernen, Elefanten schießen, um aus den Zähnen Klaviertasten zu machen, und im Auto rauchen, obwohl kleine Kinder auf dem Rücksitz sitzen.

Doch die Bewegung, das Reisen, das Unterwegs-Sein, das Überschreiten von physischen und seelischen Grenzen, das darf nicht verdammt werden. Sich niemals von seinem Heimatort wegzubegeben, ist kein Ideal, sondern eher ein Schreckensszenario. In der Diskussion darum, dass man weniger fliegen sollte, klingt leider manchmal durch, die moralisch höchste Variante sei die, immer zu Hause zu bleiben.

Warum reisen wir? Ich habe lange eine Antwort auf diese einfache, aber zutiefst philosophische Frage gesucht. Der Schriftsteller Tomas Lofström, der lange für die Reisezeitschrift *Vagabond* geschrieben hat, die ich 1987 gegründet habe, hat es so formuliert, dass «das Reisen mit all dem zusammenhängt, was uns zum Homo sapiens macht: Neugier, Streben nach ‹sinnlosem› Wissen, der Wille, den Intellekt zu bilden, über den Horizont zu schauen, das Weltbild zu erweitern und Chaos in Ordnung zu verwandeln». Bewegungslosigkeit ist die Mutter von Eingeschränktheit und Intoleranz. Mangelnder Kontakt zu Menschen, die nicht so sind wie wir, verringert das Verständnis für das Andere. Ich kam zu dem Schluss: Siehst du eine Grenze, dann überquere sie! Daran glaube ich immer noch. Doch nun mit dem Zusatz: Achte um der Erde Willen darauf, dich nachhaltiger fortzubewegen.

Mein Beruf als Reiseschriftsteller gibt mir sowohl die Verantwortung als auch die Macht, andere Reisende dazu zu veranlassen, ihr Reiseverhalten zu ändern. Diese Macht möchte ich darauf verwenden, uns von Restaurantwaggons, Nachtzügen, großartigen Ausblicken und spannenden Begegnungen in Abteilen träumen zu lassen. Öfter den Zug zu nehmen und die Flugreisen für die Gelegenheiten aufzusparen, wenn es keine andere Alternative gibt, sich fortzubewegen. Weniger, aber dafür größer angelegte Reisen zu unternehmen. Und zu erkennen, dass wir mit dem Zug die Möglichkeit haben, auf dem Weg ans Ziel Halt zu machen, nicht nur einmal, sondern zwei-, drei-, viermal, und auf diese Weise mehr Orte kennenzulernen als nur einen.

Doch wie verändert man die Reisegewohnheit derjenigen, die sich keinen Deut um die Klimaveränderungen scheren? Cecilia Solér, die an der Universität Göteborg über Konsumgewohnheiten forscht, meint, dass es schwerere Geschütze braucht als nur angstmachende Berichte und faktenbasierte Aufklärung der Gesellschaft. Wir müssen schlicht die sozialen Normen angreifen, die unsere Reisegewohnheiten steuern. Sie nennt als Beispiel die Bilder der Werbung und der Reisejournalistik von türkisfarbenem Meer mit der glücklichen Familie am tropischen Strand. Gut durchtrainiert, ohne Probleme, gutaussehend. Eine idealisierte Identität, die mit einem Produkt verbunden wird, in diesem Fall einer Reise in ein fernes Land mit warmem Meer und schönen Stränden.

«Je mehr wir davon sehen, desto mehr reisen wir», sagte Cecilia Solér.

Um die Menschen stattdessen in den Zug zu bringen, muss man den Kern angreifen, will sagen, die Norm, also das Bild von der glücklichen Familie am türkisfarbenen Meer. Und nach und nach macht der Traum eine halbe Drehung und handelt immer noch von den begehrenswerten Reisen und der Begegnung mit anderen Kulturen, aber auch davon, dass es nicht mehr cool ist, mit dem Flugzeug in die Welt hinauszufliegen. Die Veränderung, meint Cecilia Solér, erzeugt man mit mehr imagetauglichen Bildern in Reiseartikeln und Annoncen von beneidenswert glücklichen Familien an Bord eines Zuges auf dem Weg in die Welt hinaus.

Kurz gesagt ist es meine Verantwortung als Reiseschriftsteller, die Entwicklung in die richtige Richtung zu drehen.

Während ich mich dem Bahnsteig des Stockholmer Hauptbahnhofs nähere, wo schon viele meiner Reisen begonnen haben, summt es in meinem Kopf von all den idiomatischen Wendungen und Redensarten, die mit Zügen zu tun haben. Zwei Jahrhunderte lang hat die Eisenbahn auch unsere Sprache geformt: *Auf dem richtigen Gleis sein. Aufs Abstellgleis geraten. Der Zug ist abgefahren. Pünktlich wie die Eisenbahn. Ich verstehe nur Bahnhof.* Denn jetzt gilt es, *auf den Zug aufzuspringen*, damit uns die Sache nicht *entgleist*. Denn *es ist höchste Eisenbahn!* Wir müssen *die Notbremse ziehen*. Dann sehen wir vielleicht irgendwann *Licht am Ende des Tunnels*. Doch die Hauptsache ist, dass wir, wie die Briten sagen, *back on track* sind.

Der Polarexpress

Eine Trillerpfeife tönt. Der Polarexpress, der eigentlich Arctic Circle Train heißt, rollt an. Erst stoßweise, dann immer gleichmäßiger, von einer Seite auf die andere schaukelnd. Jeden Abend an jedem Tag des Jahres seit 1936 hat der Zug den Hauptbahnhof Stockholm mit Ziel Narvik 1600 Kilometer weiter nördlich verlassen. Erst in achtzehn Stunden und achtundvierzig Minuten wird er an der nordatlantischen Küste ankommen. Das ist dennoch eine Geschwindigkeit wie aus einer anderen Welt, verglichen damit, wie man dieselbe Strecke zurücklegte, ehe die Eisenbahn gebaut wurde, als die Fahrt am einfachsten über den Seeweg von Stockholm nach Luleå im Bottenviken ging, und von dort mit Pferd und Wagen und das letzte Stück zu Fuß oder mit Skiern in weglosem Land über das Fjäll.

Die Reise mit den Passagierschiffen der *Sveabolaget*, den Turbinendampfern Ragne und Regin, dauerte drei Tage, doch andererseits gab es da auch einen Konversationssalon mit Klavier, einen Rauchsalon, Badehütten, ein windgeschütztes Promenadendeck und Schlafkabinen mit Dux-Matratzen. Doch jetzt war der Schiffsverkehr entlang der schwedischen Ostseeküste angezählt – mit dem Zug ging er schließlich unter. Noch nie zuvor in der Geschichte hatte man so schnell hinauf in die Arktis reisen können. Der Direktzug mit Sitz- und Schlafwagen verkürzte die Reise an die norwegische Atlantikküste von einer Woche auf ungefähr einen Tag.

Dass wir heute überhaupt eine Eisenbahnstrecke haben, die dicht neben 1500 Meter hohen Berggipfeln und tiefen Tälern die schwedische Fjäll-Kette direkt durchschneidet, verdanken wir dem Eisenerz. Die reichen Erzvorkommen der Gruben waren schon im 17. Jahrhundert entdeckt worden. Der Legende nach hatte der Bauer Lars Larsson aus Junosuando auf einer Eichhörnchenjagd 1642 bemerkt, dass sein eisenbeschlagener Wurfpfeil an einem Steinblock hängen blieb, der, wie sich zeigte, magnetisches Eisenerz enthielt.

Doch wie sollte man die Rohware über sumpfige Moore und durch tiefe Wälder nach Süden zu den Städten und den Stahlwerken transportieren? Lange Zeit war man auf Rentiere und Pferde angewiesen, was langsam, ineffektiv und teuer war. 1865 riefen die Grubenbetreiber deshalb ein Projekt ins Leben, durch das mit englischem Kapital Kanäle entlang der Wasserfälle des Luleå-Flusses gebaut werden sollten. Doch als der Bau halb fertig war, ging das Geld aus. Die Briten hatten eine

Lehre aus Indien gezogen, wo man erst Kanäle geplant hatte, dann aber schließlich einsehen musste, dass die Eisenbahn besser war. Diese Erfahrung nahm man nun mit in den Norden, und ein englisches Unternehmen begann 1882 mit dem Bau einer Eisenbahnstrecke vom Ort Malmberget bei Gällivare zu dem neu gebauten Hafen in Luleå. Das ging ein bisschen besser, und drei Jahre lang rollten die Eisenerzzüge. Doch die Eisenbahnstrecke war so schlecht gebaut, dass der schwedische Staat einspringen und das Ganze übernehmen musste. Weitere elf Jahre später war die Bahnstrecke mit staatlichen Geldern nach Kiruna verlängert worden, und im November 1902 war die Strecke nach Westen bis Narvik fertiggestellt und konnte von König Oscar II. eingeweiht werden.

Während der Polarexpress nach Norden über die Ebene von Uppsala rauscht, denke ich daran, dass Schweden während des Zweiten Weltkriegs das nationalsozialistische Deutschland mit einem großen Teil jener Rohstoffe versorgte, welche die deutsche Kriegsmaschinerie am Laufen hielten. Die Eisenerzlieferungen sorgten zusammen mit der Genehmigung von deutschen Truppen und Kriegsmaterialtransporten auf der schwedischen Eisenbahn dafür, dass es uns erspart blieb, von Hitler besetzt zu werden. Drei Jahre lang ließ Schweden die Nationalsozialisten 2,1 Millionen Soldaten und hunderttausend Waggonladungen mit Kriegsmaterial auf schwedischen Eisenbahnstrecken transportieren. Meine

Eltern haben oft von den deutschen Soldatenzügen erzählt, die, als sie jung waren, an den Bahnhöfen in Bergslagen und Dalarna vorbeifuhren. Mein Vater und meine Großeltern mussten einmal am Bahnhof Krylbo im Zug bleiben, weil eben ein deutscher Lazarettzug von der Front in Finnland angekommen war. Erst als der weitergefahren war, durften sie aussteigen. Mein Großvater, der die Kommunisten wählte, kochte vor Wut. Die Deutschen dürften nicht hierher kommen und sich wie Besatzer aufspielen, fand er.

Als ich von meinem Schlafabteil zum Speisewagen des Polarexpress wandere, höre ich dänische, chinesische, spanische, italienische und französische Stimmen. An den Eingängen der Waggons stehen große Rucksäcke, Koffer und Skisäcke, die deutlich machen, dass viele der Reisenden keine Alltagspendler sind, sondern Fernreisende, mit einem der beliebtesten Touristenzüge auf dem Weg in die Wildmark. Bald werden sie den Polarkreis kreuzen und dann so weit nach Norden weiterfahren, wie man mit der Eisenbahn in Skandinavien kommen kann.

Doch der Speisewagen macht wirklich niemanden glücklich. Er ist funktionell eingerichtet, mit Furnier und Plastik an den Wänden und synthetischen Laminatplatten auf den Tischen, deren Muster sie wie Kiefernholz aussehen lassen soll. Grauer Linoleumboden. Stühle mit grauem Stoff. Grelles weißes Licht aus Spotlights an der Decke leuchten jede Ecke im Wagen aus und erzeugen das Gefühl, im Speisesaal eines Gefängnisses oder eines Jugenderziehungsheims zu sitzen und nicht in einem netten Restaurant in dem Zug, der seine Reisenden einer Umfrage zufolge auf der schönsten Eisenbahnstrecke Schwedens transportiert. Ich bestelle einen Eintopf mit Rentierfleisch und Kartoffelbrei, der in einem schwarzen Plastikkasten «serviert» wird, mit durchsichtigem Plastikfilm überzogen und in der Mikrowelle aufgewärmt. Die Bedienung reicht den heißen Kasten rüber, die Folie muss ich selbst abziehen. Ich gieße mein Bier in einen dehnbaren Plastikbecher und fange an, mit dem wabbeligen Plastikbesteck zu essen. Man hat das Gefühl, als seien die Ingenieure nicht nur für die technische Konstruktion verantwortlich gewesen, sondern hätten sich noch ein Zubrot als Innenarchitekten und Servicepersonal verdienen müssen.

Der Zug eilt weiter durch die Nacht. Es ist schwer, etwas anderes als die eigene Reflexion im Fensterglas zu sehen. Es hat sich in einen Spiegel verwandelt, der die Dunkelheit ausschließt. Wir reisen wie in einem Kokon, eingeschlossen und abgeschirmt. Ich lasse mich in meinem Schlafabteil nieder und summe derweil den Achtzigerjahre-Popsong *Vintersaga*: «Der Lapplandpfeil röhrt wie ein Wildtier durch die Nacht, in den Höfen gehen die Lichter aus.» So kann man es ausdrücken, denke ich, weil die Lok tatsächlich hier und da Signale von sich gibt, die wie ein trauriges Rotwild oder ein verirrter Elch klingen. Man kann sich den Zug leicht als ein lebendiges Wesen mit eigenen Gefühlen vorstellen.

«In wenigen Minuten erreichen wir Gävle. *Next stop Gävle*», verkündet eine metallisch-scharfe Stimme.

Kurz nach Söderhamn schlafe ich ein, erwache aber ein paar Stunden später plötzlich von dem Gestank von Sulfit bei der Papiermassefabrik SCA in Timrå. Dann kommt wieder der dichte Wald. Und morgen früh werde ich auf Schlackehalden schauen. Papier, Holz, Eisen. Es ist, als befänden wir uns auf einer Sightseeing-Tour durch die Grundmaterialien der schwedischen Wirtschaft.

Mitten in der Nacht hält der Zug an. Ich erwache mit einem Ruck. Mehrere Minuten stehen wir in der Dunkelheit im Tannenwald zwischen zwei Bahnhöfen still. Der Heizkörper knackt, das Stromsystem des Waggons surrt. Züge, die auf der Strecke anhalten, machen die meisten unruhig. Wir wollen unterwegs sein. Stillstehen ist verschwendete Zeit. Erst als der Wagen sich wieder in Gang setzt, kehrt die Ruhe zurück, das Herz schlägt sanfter, der Körper entspannt sich. Ich schlafe wieder ein, gleite zurück in die Träume und vergesse die Pausen. So wie in einem Gedicht von Tomas Tranströmer:

Zwei Uhr nachts: Mondschein. Der Zug hat angehalten
Mitten auf der Ebene draußen. Weit weg Lichtpunkte in einer Stadt,
Kalt am Rand des Gesichtskreises flimmernd.

Wie wenn ein Mensch so tief in einen Traum hineingegangen ist,

Dass er sich nie erinnern wird, dass er dort war,

Wenn er zu seinem Zimmer zurückkehrt.

Ich erwache in der Morgendämmerung, die immer noch Polarnacht ist, von einer Bremsung, die der Zug neben einem großen Platz voller Stapel mit von Neuschnee überpudertem Holz vollzieht. «Murjek» steht auf dem schneebedeckten, pfefferkuchenbraunen Bahnhof. Seine Uhr ist mit einer frostigen Eisdecke überzogen, die es unmöglich macht, die Zeit abzulesen. Ein ungeräumter Bahnsteig und eine Frau mit Pelzmütze, die durch den hohen Schnee stapft, um einen aussteigenden Passagier zu begrüßen. Eine Umarmung, ein Kuss, dann setzen sie sich in ein Auto und verschwinden im Wald, hinein in die Dunkelheit.

Als der Zug wieder Fahrt aufnimmt, flimmert eine Wand schneebedeckter Tannen am Fenster vorbei. Irgendwo hier müsste der Polarkreis verlaufen. Doch neben den Gleisen steht kein Schild, das darauf hinweisen würde. Früher hielt der Polarexpress an, sodass die Passagiere kurz aussteigen und sich klarmachen konnten, dass man sich auf einer besonderen geografischen Grenzlinie befand. Doch heute sausen wir ohne den geringsten Bremsversuch und ohne Lautsprecherdurchsage vorbei.

In Nattavaara sind die Holzhäuser hinter dem Bahnhof von Weihnachtslichterketten an der Fassade erleuchtet, doch dann kommt wieder die pechschwarze Dunkelheit. Der Zug könnte genausogut durch einen ewig langen Tunnel fahren. Es ist neun Uhr morgens, aber Dezember, und draußen ist es noch stockdunkel. In Gällivare blitzt es vom Stromabnehmer einer Lok, die hier Waggons mit silbrigen Stahltanks voller Brennstoff und rostbraune und frostig weiße Eisenkörbe voller Eisenerzpellets zieht. Das fühlt sich hart, schwer und auch ein bisschen furchteinflößend für mich an, der ich es nicht gewohnt bin, dem harten Kern der Industrialisierung zu nahe zu kommen. Wie Lars Gustafsson in seiner Gedichtsammlung *Ein Vormittag in Schweden* schreibt:

Horch –

So hörst du ein Geräusch, das schwillt an.
Dann ist es wieder fort, und alles ist finster.

Kleine spröde Schläge, als schlüge da eine Uhr,
dann wieder jenes schwere Geräusch.

Und ich sage dir: es hat keine Gefahr,
das sind nur die Güterzüge unterwegs durch die Nacht.

Als der Zug neu war, gab es den Restaurantwagen nur auf der Strecke Stockholm – Ånge. Zu der Zeit ging die

Bedienung mit einem Gong durch den Zug, um anzukündigen, dass bald das Drei-Gänge-Menü serviert werden würde oder das *table d'hôte*, wie «Statens Järnvägar», die Staatlichen Eisenbahnen, SJ abgekürzt, es so vornehm nannten. Die erste Runde um halb fünf und die zweite um viertel vor sechs mit stets wechselnder Aussicht über abfallende Wiesen, Getreidespeicher, Tannenwälder und Flüsse.

Auf der Narvik-Strecke war man, ganz gleich, in welcher Klasse man fuhr – in der Ersten, Zweiten oder Dritten – im Speisewagen willkommen. Das war in den schwedischen Zügen keinesfalls immer so. 1896 hatten die SJ die kontinentale und amerikanische Idee mit den Speisewagen noch abgelehnt. Man sagte, davon würden die Züge viel zu schwer. Doch Gustaf Oscar Wallenberg, der dem Essen sehr zugewandte Direktor der Reederei, welche die Route Trelleborg – Sassnitz bediente, die schnellste Verbindung Schwedens zum Rest Europas, argumentierte, dass das Problem doch zu lösen sein müsste.

«Das Essen ist ein Zeitvertreib, und die drei Mahlzeiten teilen den Tag ein, sodass er einem viel kürzer vorkommt», antwortete er den SJ und verlangte auf den Zügen nach Norden eine Verpflegung für die Passagiere, die mit seinen Schiffen aus Deutschland gekommen waren.

Denn beim Reisen gehe es schließlich nicht nur darum, sich fortzubewegen. Die Fahrt müsse auch angenehm sein und sogar dem neuen Bürgertum zusagen. Ein weiteres Argument war, dass die Stockholm-Ausstellung 1897 zeigen sollte, dass man in der Entwicklung Schritt hielt. Die SJ gaben nach. Auf der Strecke Berlin – Stockholm setzte man später im selben Jahr die ersten Restaurantwagen ein, gebaut von der Firma Kockums in Malmö.

Doch konnten es sich nur die Passagiere der Ersten und der Zweiten Klasse gut gehen lassen. Die der Dritten Klasse mussten ihren eigenen Proviant mitbringen oder sich, wenn der Zug Halt machte, bei sogenannten Kringel-Omas und anderen Verkäufern auf dem Bahnsteig versorgen. Das niedere Volk, so meinte man, würde doch nicht seine wenigen Reichstaler für eine teure Mahlzeit in einem schicken Speisewagen verschwenden wollen.

Doch das wollte es, zumindest einige von ihnen. Deshalb mussten bald die Regeln geändert werden, sodass «gepflegt gekleidete Reisende der Dritten Klasse» die Erlaubnis bekamen, das Restaurant an Bord zu besuchen, und zwar «für einen so langen Zeitraum, wie es die Einnahme einer Mahlzeit erfordert». Björn Kullander erzählt in seinem Buch *Sveriges järnvägs historia* («Geschichte der schwedischen Eisenbahn»), dass es Aufgabe der Schaffner war zu beurteilen, wer ausreichend korrekt gekleidet war, um hereingelassen zu werden. Eine Geschmacksfrage, die ungefähr mit der Aufgabe moderner Türsteher vor hippen Nachtklubs vergleichbar ist.

Mehr als einmal gab es wohl empörte Diskussionen mit solchen, denen der Zutritt und damit das Kalbssteak mit grünen Erbsen verweigert wurde. Doch die Aufgabe, die Spreu vom Weizen zu trennen, wurde als bedeutsam erachtet. Denn die Reisenden aus den besseren Klassen könnten ja klagen, sobald das Erscheinungsbild der drittklassigen Passagiere im Speisewagen überhandnahm.

1906 wurde an Bord der schwedischen Züge die erste demokratische Reform durchgeführt. Von da an wurde den Passagieren der Dritten Klasse Zutritt zum Speisewagen gewährt, ganz gleich, wie sie gekleidet waren. Die zweite große Reform kam erst 1956, als Schweden zusammen mit großen Teilen des übrigen Europa die Einteilung von drei auf zwei Klassen verringerte.

Erst gegen halb zehn Uhr wird es um den vorwärtseilenden Polarexpress herum langsam heller. Doch am Horizont steigt kaum eine warme Morgensonne auf, die hier die Tannenspitzen orange färbt. Nein, dass der Tag heraufzieht, merkt man vielmehr dadurch, dass alles zwischen dem Bahndamm und den Wolken sich allmählich von schwarz zu bleigrau verändert. Es gibt keinen Kontrast zwischen Wald, Moor und Himmel. Alles fließt ineinander.

Dann halten wir am provisorischen Bahnhof von Kiruna. Provisorisch, weil der mehr als hundert Jahre alte, aus schonischem Ziegelstein gebaute Bahnhof dem Erdboden gleich gemacht wurde. Damit das staatliche Grubenunternehmen LKAB neue Minen unter der ursprünglichen Stadt eröffnen kann, muss die ganze Stadt umziehen. Eine Reihe von wertvollen alten Häusern haben Räder bekommen und sind an einen neuen Platz gerollt worden. Andere wurden abgerissen. Leider gehörte der Bahnhof von Kiruna nicht zu der Gruppe der geretteten Gebäude, obwohl er schon unter Denkmalschutz stand. So wichtig ist das Eisenerz, dass man nicht nur teure Eisenbahnstrecken geradewegs durch Bergketten baut, sondern auch ganze Städte umziehen lässt.

Nach dem Frühstück im Bistrowaggon kehre ich durch die normalen Wagen, in denen mehrere ausländische Touristen die Nacht sitzend zugebracht haben, zu meinem Schlafwagenabteil zurück. Seit ich als kleiner Junge mit meiner Großmutter Zug fuhr, fasziniert es mich, durch diesen Balg im Übergangsstück zwischen den Waggons zu gehen, wo es so kalt ist und man zwischen den vereisten Bodenplatten den verschneiten Bahndamm erkennen kann. Vielleicht begreift man erst in diesem Zwischenraum zwischen den Waggons voll und ganz die im Grunde so einfache Konstruktion des Zuges: das Knarren und Quietschen in den Kurven, das metallische Schlagen und der eisige Wind, der von unten heraufheult und an die Welt da draußen erinnert. Das ist so anders als in den hermetisch abgeschlossenen und hypertechnologischen Stahlkokons der Flugkabinen, wo man von den Realitäten der äußeren Elemente völlig abgeschlossen ist.

Die ausländischen Besucher verlockt das Nordlicht und das Eishotel in Jukkasjärvi, doch eigentlich zieht sie besonders an, dass dies alles so weit im Nordens Europas liegt, dass es so wenig Menschen gibt und alles so unberührt ist. Das wirkt ganz einfach exotisch.

Schneedampf. Nebel. Weiße Windkraftwerke. Das flache Moor mit den niedrigen gefrorenen Büschen, in seiner Kargheit und Farbenskala der Wüste so ähnlich. Doch schon bald heben sich die Moore sachte und formen sanft gerundete, niedrige Hügel – eine erste Andeutung, dass wir auf dem Weg in die Fjäll-Welt sind. Die Schneedecke ist dünn, und die Büsche und die knotigen Fjällbirken frostig weiß. Nur in einigen größeren Orten hat das Handy Netz.

Jetzt nähern wir uns dem Atlantik. Doch erst noch ein Halt in Vassijaure. Der Bahnhof ist dunkel und geschlossen, und vom Dach hängen lange Eiszapfen. Niemand steigt aus, niemand steigt ein. Vor dem riesenhaften Ziegelsteingebäude, das auch einmal eine Transformatorstation für die Eisenbahn beherbergte, wurde im Zweiten Weltkrieg ein Soldat von einem deutschen Jagdflugzeug erschossen – tatsächlich der einzige schwedische Soldat, der durch feindliches Feuer ums Leben kam. Heute ist der nördlichste Bahnhof Schwedens eine Freizeitunterkunft für Eisenbahnangestellte, die entspannte Ferientage in der Wildmark verbringen wollen.

Nach der Haltestelle Riksgränsen («Reichsgrenze») wird die Landschaft dramatischer, und kurz nach Katterat auf der norwegischen Seite kommen wir an die Meeresbucht mit ihrem salzigen Atlantikwasser. Der Zug schlängelt sich langsam hoch hinauf auf die Bergrücken. Weit hinten, an der Einmündung zum Meer, erkenne ich die stattliche Hängebrücke und stelle erstaunt fest, wieviel dichter Nordnorwegen im Vergleich zu Nordschweden bevölkert ist und wieviel mehr Geld die Norweger in Straßen, Brücken und Städtebau investieren.

In der Menükarte des Restaurants *Rallarn* («Der Schienenleger») in Narvik steht, dass der Name eine Huldigung an die Tausenden norwegischer Arbeiter sei, die die 430 Kilometer lange Strecke von der schwedischen Grenze bis zum Meer gebaut haben. Ehe die Eisenbahn kam, gab es weder Narvik (auf der norwegischen Seite) als Stadt noch die Touristenorte Abisko, Björkliden und Riksgränsen auf der schwedischen Seite. Genau wie im Wilden Westen war es der Zug, der die Erschließung der unzugänglichen Wildmark erst ermöglichte. Die Eisenbahngeschichte im Menü des Restaurants weist auch darauf hin, dass neunzig Prozent aller täglichen Waren, die in Nordnorwegen konsumiert werden, über Narvik transportiert werden, und zwar entweder mit Schiffen von Südnorwegen oder mit der Eisenbahn aus Schweden.

Die Eisenbahn ist ein Teil der DNA von Narvik, und während der Winterfestwoche der Stadt im März kleidet man sich in historische Kostüme aus der Zeit der vorigen Jahrhundertwende, als die Schienenleger die Zukunft bauten. Man huldigt Anna Rebecka Hofstad, der Frau, die «Schwarzer Bär» genannt wurde, weil ihre Haare so schwarz, ihre Augen so dunkel und sie von so unverbrüchlichem Willen und unerschöpflicher Kraft war. Sie kam nach Narvik, um dabei zu sein, als die erste arktische Eisenbahnstrecke der Welt gebaut wurde. In der Wildnis sorgte sie für Essen, Wasser, Feuer und saubere Kleider für die Schienenleger.

Ihr Abenteuer begann damit, dass sie sich in ihrem Elternhaus im nordnorwegischen Hemnes wie eingesperrt fühlte. Die zwanzigjährige Anna sehnte sich so in die Welt hinaus, wie es einige junge Menschen tun, wenn sie eine zu große Dosis an Stillsitzen verabreicht bekommen haben, was bei den adligen wie auch den bürgerlichen Frauen Ende des 19. Jahrhunderts üblich war. Ihr Vater wünschte, dass sie den Pfarrer des Ortes heiratete und ins Pfarrhaus einzöge. Diese Aussicht erschien ihr aber wie die Fortsetzung des Gefängnisdaseins im Elternhaus, ein Dasein, das ihr nie erlauben würde, sich auszuleben.

Deshalb haute Anna ab. Auf sich selbst gestellt musste sie auch wirtschaftlich allein klarkommen. Das allerdings fand sie weniger schlimm als die Aussicht auf eine todlangweilige Ehe mit dem Pfarrer. Ihre erste Arbeitsstelle war die einer Köchin beim Bau der Eisenerzbahn in Vassijaure. Das Leben als Frau allein unter Hunderten von Männern muss sehr bedrohlich gewesen sein, denke ich. Doch das galt auch für die Männer. Man lebte ohne Familien und Kinder eng zusammen, es gab viel harte Arbeit, viel Sehnsucht und viel Branntwein. Anna verliebte sich in einen Schienenleger, der «der Värmländer» genannt wurde, doch nach einer Weile geriet er in eine der vielen alkoholgetriebenen Messerstechereien und musste vor der Gerichtsbarkeit fliehen. Anna versuchte den Verlust zu verarbeiten, indem sie offenbar maßlos zu trinken begann.

Mit der Zeit heilte die Wunde, und sie war schließlich mit einem anderen Schienenleger, dem Ådalas-Kalle, zusammen. In der knappen Geschichte über Annas Leben, die nur die spektakulärsten Ereignisse erwähnt, heißt es, dass er leider zu einem anderen Bahnabschnitt versetzt und von Anna getrennt wurde. Vor Sehnsucht verzweifelt, zog sie ihr schönstes Kleid an und machte sich auf, die vierzig Kilometer über das Fjäll zu Kalles neuem Arbeitsplatz in Stordalen am Torneträsk zu wandern.

Mein Zug erreicht zuerst Stordalen, dann Abisko und schließlich Vassijaure, also die Strecke, die Anna wanderte, nur in die entgegengesetzte Richtung. Mit dem Zug dauert die Reise dreißig Minuten, doch Annas Wanderung durch wegloses Land entlang des neugebauten Bahndamms muss sie mindestens einen Tag gekostet haben, wenn sie schnell ging, doch wahrscheinlich musste sie eine Nacht im Fjäll zubringen. Aber sie wanderte mit einem festen Ziel vor Augen, nämlich wieder mit ihrem Geliebten vereint zu werden. Nach dieser Anstrengung erstaunt ihre zornige Reaktion kaum, als sie nach ihrer Ankunft feststellen musste, dass Ådalas-Kalle nicht mehr ledig war, sondern sich mit einer Köchin namens Maja Well zusammengetan hatte. Anna stürzte sich auf die Rivalin und schlug – wie man sagt, besinnungslos – auf sie ein. Doch die Schwester der Angegriffenen eilte dieser zu Hilfe, und am Ende war es nicht Maja, sondern Anna, die blutverschmiert und bewusstlos am Boden lag.

Sie wurde zur Krankenstation nach Tornehamn gebracht, wo man feststellte, dass sie an einer weit fortgeschrittenen Lungenentzündung litt. Zusammen mit den Verletzungen aus der Schlägerei war das zu viel, und sie starb kurz darauf. Jetzt liegt sie auf dem Schienenleger-Friedhof zwischen dem See und den Gleisen begraben. Auf dem Grab steht ein strahlend neues, weißes Holzkreuz mit der Inschrift «Anna, Norwegen 19/9 1900», was ich zwar von dem vorbeisausenden Nachtzug aus nicht so schnell erkennen kann, doch später sehe ich eine der vielen Postkarten, die man in Narvik mit dem Motiv kaufen kann. Und ich kann von meinem Zugfenster aus die Aussicht auf Torneträsk und Lapporten, das «Tor zu Lappland», genießen, jenes ikonische Tal zwischen dem Nissuntjårro- und dem Tjuonatjåkka-Fjäll, das zum Letzten wurde, was Anna in ihrem Leben sah.

An Anna erinnert man sich nicht wegen ihrer schmachvollen letzten Schlägerei, sondern wegen ihres

Einsatzes für die Versorgung der Schienenleger und wegen ihrer burschikosen Haltung. In den letzten sechzig Jahren sind während der Festwoche im März jeweils Preise an Frauen aus der Umgebung von Narvik verliehen worden, die im Geist der Eisenbahnheldin tätig waren.

Insgesamt dreht sich hier aber alles ums Eisenerz. Abgesehen davon gibt es nicht viel anderes. Jeden Tag rollen an die zwanzig Eisenerzzüge nach Narvik und zurück. Die Güterzüge fahren weiter durch die Stadt hinunter zum riesigen Frachtschiff der LKAB, das im Hafen am Kai liegt und sich bald auf eine noch längere Reise begeben wird. Wohin? Das meiste wird an europäische Stahlwerke geliefert, doch ein Teil des Erzes, oder besser gesagt der heute gebräuchlichen veredelten Pellets, wird über das Meer nach China, in den Nahen Osten und nach Amerika gebracht.

Zwei Tage später verlasse ich die Dunkelheit und nehme den Zug nach Süden. Björnfjell, Riksgränsen, Gällivare, Murjek. Kurz hinter Älvsbyn lege ich mich auf das mittlere Bett im Liegewagen. Schlafe in der Polarnacht ein, die für mich schon begonnen hat, als ich um dreizehn Uhr, also acht Stunden zuvor, in Narvik zu Mittag gegessen habe. Rumpele an Jörn und Vindeln vorbei und träume vom Licht.

Pause auf dem Bahnsteig

Die Sehnsucht nach der Vergangenheit ist ein diffuses Gefühl, ein schwaches Kribbeln im Bauch. Vielleicht liegt das daran, dass sich uns all die Erlebnisse aus unserem jungen Erwachsenenalter als etwas eingeprägt haben, das die Gegenwart in den Schatten stellt. Die Musik, die wir als Teenager gehört haben, die erste Verliebtheit und die ersten abenteuerlichen Reisen, bei denen man auf sich selbst gestellt war. All das lebt, wie mit einem romantischen Schimmer versehen, auf immer in unserem Gedächtnis.

Deshalb glaube ich, dass neben der Sorge um das Klima die Nostalgie Hauptursache für das neu erwachte Interesse am Zugreisen ist. Zumindest bei meiner Generation, die die Welt mit Interrailtickets entdeckte. Unsere Träume von europäischen Eisenbahnurlauben haben vielleicht mehr mit der Sehnsucht nach einer Welt, die es nicht mehr gibt, als mit der Sorge um die Welt der nächsten Generationen zu tun.

Der *Blå tåget*, der «Blaue Zug» zwischen Stockholm und Göteborg, fährt mit ausrangierten Waggons der SJ aus den 1960er-Jahren. Hier gibt es keine Rückenlehnen aus Polystyrol, keine Glastüren oder Wandpaneele aus Kunststoff. Stattdessen sind die Waggons in hellbraunem Eichenfurnier eingerichtet, was damals, als sie gebaut wurden, Standard und keinesfalls Extravaganz war. So besteige ich den Zug mit dem Gefühl, in eine Reihe aneinandergehängter Wohnzimmer von älteren Verwandten einzutreten. Das hier ist ein Nostalgiezug für uns, die wir gern in Erinnerungen an die Zugreisen unserer Kindheit schwelgen, ein schräges Erlebnis zwischen all den gestressten modernen Reisenden und den glänzenden und stromlinienförmigen roten und grauen Schnellzügen im Düsenjet-Design.

Im altertümlichen Zweite-Klasse-Waggon meines langsamen Zugs gibt es die klassischen Sechssitzer-Abteile, wo man jeweils zu dritt auf jeder Seite einander gegenüber platziert wird, hier erwartet einen eine abgeteilte Garderobe mit Hutablage für Herrenkappen und Damenhüte, Bügeln und Haken für Überröcke, Gardinen, die man vor den Fenstern zuziehen kann und die Reproduktion eines alten Ölgemäldes im Holzrahmen, das die Stockholmer Oper und die Brücke vor dem Schloss zeigt.

Aber vielleicht sind es vor allem die Gerüche, die alte Erinnerungen zum Leben erwecken. Unbestimmbare Erinnerungen aus der Kindheit in den 1960er-Jahren, fernab von einer Welt aus Plastik. Der trockene, etwas staubige Geruch von Holz und Stoff, der einen eine Weile begleitete. Ein erwachsener, selbstbewusster, seriöser Duft der Welt vor der eigenen Haustür. Die Zeitungsredaktion meines Vaters, das Wartezimmer von Doktor Hartmann vor der Tetanus-Spritze, die Zugabteile auf den Reisen von der Westküste hinauf nach Dalarna.

Im Speisewagen des Zuges von früher, der durch das winterliche Schweden eilt, gibt es weiße gestärkte Leinentischdecken und Servietten. Auf jedem Tisch steht eine goldbraune, rechteckige kleine Lampe mit abgerundeten Ecken und einem Eisenfuß mit weißem Plastikknopf. An der Decke sanft gerundete Holzpaneele in Mittelbraun. Erstaunt frage ich mich, ob ich mich in die Vergangenheit zurücksehne und die Einrichtung mir deshalb das Gefühl gibt, nach einer sehr langen Reise durch ein fremdes Land nach Hause zurückzukehren. Denn wie der Philosoph Immanuel Kant behauptete, haben ja nostalgische Gefühle meist mit der Sehnsucht nach einer vergangenen Zeit und nicht nach einem entfernten Ort zu tun, nach einem «Damals» und nicht nach einem «Dort».

Ich nehme drei Gerichte zu mir. Toast Skagen, Hühnchen mit Parmesan in Madeirasoße, Crème Brûlée – und zu der Mahlzeit ein Glas französischen Syrah. In einem Zug auf einem Holz- und Stoffsessel mit viel Platz für die Beine zu sitzen, mit schwerem Metallbesteck von Porzellan zu essen und aus einem richtigen

Glas zu trinken, war vor nur wenigen Jahrzehnten noch etwas sehr Alltägliches. Wäre das hier ein Flugzeug, dann würde die Abwesenheit von Plastik-Einweggeschirr bedeuten, dass ich mich in der Business-Class befinde. Doch an Bord des Blå tåget gibt es das Holz, das Glas und die Leinenservietten im normalen Speisewagen, zugänglich für alle, ganz gleich, in welcher Klasse man reist.

Ich habe einen der langsamsten Züge ausgewählt, denn ich reise nicht nur, um mein Ziel zu erreichen, sondern auch, um die Zugfahrt selbst zu erleben. Deshalb mache ich mich auch nicht verrückt, als der Zug unerwartet mitten auf der Strecke anhält. Denn meine Reise ist kein seelenloser Güter- oder Personentransport. Im Gegenteil, es macht mir Freude, wenn der Zug an einer Stelle stehen bleibt, wo ich Aussicht auf abfallende Wiesen vor dunklen Waldsäumen habe. Dann fährt er wieder an, mit quietschenden Kupplungen voranschleichend, bremst dann aber wieder mit kreischenden Stahlrädern und einem sanften Rums ab.

«Wir haben angehalten, um von einem schnelleren Zug überholt zu werden. Bitte öffnen Sie die Türen nicht», sagt der Schaffner im Lautsprecher.

Es dauert nur ein paar Sekunden, dann rauschen ein Schnellzug und dann noch einer wie sirrende Pfeile auf dem Gleis nebenan vorbei. Dann wird es still, und unser langsamer Zug startet mit einem Ruck, einem Zucken und noch einem Quietschen, um allmählich wieder Fahrt aufzunehmen.

Kurz vor Hallsberg kommt erstaunlicherweise die Nachricht, dass wir ein wenig zu früh sind.

«… somit halten wir hier zehn Minuten, nutzen Sie gern die Zeit, auszusteigen und sich die Beine zu vertreten.»

Der Koch, die Bedienung, der Schaffner und ich – ein paar wenige andere Passagiere, die es auch überhaupt nicht gewohnt sind, dass man einen Zug verlässt, um etwas frische Luft zu schnappen, stehen und stampfen nervös im Schnee auf dem Bahnsteig und sehen die anderen Züge in raschem Tempo kommen und gehen. Da sonst offensichtlich niemand meint, ein Halt hier könne sich lohnen, fühlt es sich an, als gebe es diesen Ort gar nicht in Wirklichkeit, obwohl Hallsberg ein Bahnhof ist, den im Grunde jeder Schwede kennt, weil man hier früher umsteigen musste. Die Zeit steht still auf dem Bahnsteig, auf dem ich mich befinde und von wo ich die Menschheit in schneller Fahrt vorbeirauschen sehe. Als stünden wir hier in einem Loch von Raum und Zeit und würden ein Universum betrachten, das sich währenddessen weiterdreht. Die pfeifenden roten und grauen Züge mit gelblich leuchtenden Fensterreihen lassen mich an das Restaurant am Ende des Universums in Douglas Adams' «Per Anhalter durch die Galaxis» denken, aus dem die Gäste durch die Panoramafenster pünktlich jeden Abend den Untergang des Universums betrachten können. Ich fürchte, auf einem Bahnsteig am Außenrand des Universums zurückgelassen zu werden und sehe verstohlen zur Bedienung hinüber. Doch sie steht gelassen auf dem Bahnsteig und raucht eine Zigarette.

«Kein Stress», sagt sie, als sie meinen besorgten Blick bemerkt. «Es ist noch nicht so weit.»

Der Stopp in Hallsberg vermittelt mir eine Vorstellung davon, wie das Reisen mit dem Zug im 19. Jahrhundert war, ehe man auf die geniale Idee mit längs verlaufenden Verbindungsfluren zwischen den Waggons kam. Damals war jedes Abteil eine abgeschlossene Welt. Die einzige Möglichkeit, es zu besteigen, war direkt vom Bahnsteig, und das ging nur, wenn der Zug stillstand. Für fliegende Händler war es unmöglich, sich innerhalb des Zuges zu bewegen, und einen Speisewagen konnten die Passagiere auch nicht erreichen. Stattdessen durfte man, wenn der Zug seine Stopps einlegte, aussteigen, um sich etwas zu essen und zu trinken zu besorgen und die Toilette aufzusuchen.

In Leo Tolstois «Kreutzersonate» von 1890, dieser Novelle aus einem einzigen rasenden Monolog eines Mörders über Sex und Ehe, wird eine ebensolche Reise beschrieben, wo die Passagiere einen der vielen Stopps nutzen, um sich etwas zu trinken zu kaufen, während der Zug wartet:

«Als der Zug am späten Nachmittag des zweiten Tages auf einer großen Station hielt, stieg dieser nervöse Herr aus, um sich siedendes Wasser zu holen, und bereitete sich im Kupee Tee. Der sorgfältig und modern gekleidete Herr – wie ich später erfahren sollte, ein Advokat – war mit seiner Nachbarin, der rauchenden Dame in den Wartesaal gegangen, um dort Tee zu trinken. Während der Abwesenheit des Herrn und der Dame stiegen etliche neue Personen ein …»

In den USA war es genauso. Entlang der ersten Eisenbahnstrecken wurden Restaurants errichtet, an denen die Züge hielten, sodass alle aussteigen konnten, um zu essen und danach die Fahrt fortzusetzen.

Als die britische Schriftstellerin Margaret Howitt, die Tochter der englischen Übersetzerin von Fredrika Bremer, im Jahr 1863 den Zug von Göteborg nach Stockholm nahm, stiegen sie und die anderen Passagiere aus, als der Zug einen kürzeren Aufenthalt an einem Bahnhof hatte. In ihrem Buch *Ett år hos Fredrika Bremer* («Ein Jahr bei Fredrika Bremer») von 1866 berichtet sie detailliert von der Reise mit der schwedischen Eisenbahn, die erst ein Jahr zuvor eingeweiht worden war.

«Eisenbahnen sind immer noch selten in Schweden; Dampfschiffe, Postkutschen und eigene Wagen sind die allgemeinen Fortbewegungsmittel. Der Großteil der Menschen hat noch nie einen Fuß in ein Eisenbahncoupé gesetzt, und viele sind derart unvertraut mit dieser Art zu reisen, dass sie es mit großer Furcht betrachten», schreibt die etwas überhebliche Britin, die ja aus einem Land kommt, in dem schon seit über dreißig Jahren funktionierende Eisenbahnen fahren.

Man ahnt, dass sie Schweden unterentwickelt und zurückgeblieben findet, wenn sie von einem schwedischen Bekannten berichtet, der, im Unterschied zu ihr selbst, der Eisenbahn gegenüber skeptisch ist.

«Eisenbahnen rufen immer einen Geist des Fortschritts und der Verbesserung hervor, und dies ist der Grund, warum ich ihre Sache verfechte», schreibt sie und fährt fort: «Es gibt Schweden – unter ihnen ein hochgebildeter Mann, den ich persönlich kenne –, welche die Eisenbahn ablehnen, weil sie die Menschen faul und gleichgültig gegenüber ihrer verstandesmäßigen Anstrengung mache. Mein Freund steht fest zur alten Methode, dass man mit Postkutsche oder Schlitten reisen müsse, denn da, so meint er, werde der Mann gezwungen, kluge Berechnungen anzustellen, und die Ehefrau, die Dinge gut und auf kleinstem Raum zu verpacken. Eisenbahnen seien eine zu große Hilfe für die Menschen, meint er. Dann würden sie ihre eigene Gedankenkraft nicht mehr benötigen und wegdämmern. Doch derartige Hemmschuhe an den Rädern des Fortschritts vermögen auf lange Sicht nicht deren Lauf aufzuhalten.»

Ihr schwedischer Freund meinte also, dass Zugfahren zu einfach und kein richtiges Reisen sei. Ich stelle mir vor, dass er ebenso wie die Fortschrittskritiker seiner Zeit dem Sterben des Handwerks und der aufsteigenden Industrialisierung skeptisch gegenüberstand. Die Eisenbahn und die Fabriken gingen miteinander Hand in

Hand. Denn der Übergang vom Handwerk zur Massenproduktion setzte ja effektivere Transportmittel voraus, sowohl für die Arbeiter, die in die Fabriken kommen mussten, wie auch für die Waren, die zu den Konsumenten gebracht werden sollten.

Acht Stunden nachdem unsere britische Reisende Göteborg verlassen hat, hält ihr Zug in Hallsberg, ungefähr auf der halben Strecke bis zur schwedischen Hauptstadt – eine Reise, die mit den modernen Schnellzügen knappe zwei Stunden dauert. Hier folgt ein längerer Halt, sodass die Passagiere Zeit zum Mittagessen haben, und zwar nicht nur für ein einfaches Butterbrot auf die Hand, nein, jetzt wird ein Buffet mit Suppe, gebratenen Flundern, Rinder- und Kalbssteak mit Preiselbeeren, Schüsseln mit dampfend heißen Kartoffeln und Körben voller Weizen- und Roggenbrotscheiben aufgefahren. Zum Abschluss gibt es süße Kuchen und Gebäck mit Sahne und Zucker. Die Art, in der Margaret Howitt das opulente Mittagsbuffet beschreibt, verrät eine Faszination für das Seltsame und damit Exotische, wie zum Beispiel die säuerliche Preiselbeermarmelade, die es damals in England nicht gab.

Einige Stunden später hält der Zug in Södertälje, fünfzig Kilometer vor dem Zielbahnhof Stockholms Södra (die Verbindungsstrecke über die Central-Brücke in die Stockholmer Innenstadt war noch nicht gebaut), und Margaret steigt aus und kauft von einem Händler auf dem Bahnsteig Pfefferkuchen, weil ihre Reisebekanntschaft behauptet, «Södertälje sei berühmt für seine Pfefferkuchen». Natürlich wird sie auch die Gelegenheit nutzen, ein paar der lokalen und exotischen Spezialitäten der Gegend einzukaufen.

Die Pausen auf dem Bahnsteig und Margarets Faszination für das Andere erinnern mich auch an meine eigenen Eisenbahnreisen in Indien. Wie ein Überbleibsel aus dem europäischen und nordamerikanischen 19. Jahrhundert steigen dort heute immer noch einige Zugpassagiere an den größeren Bahnhöfen aus, vertreten sich die Beine und kaufen Obst, Kekse, Erdnüsse, Tee, Kaffee, Wasserflaschen und Limonade.

Als ich in den 1980er-Jahren auf dem Weg von Gorakhpur nach Lucknow im Bundesland Uttar Pradesh war, mussten wir aus dem Zug aussteigen, um im Bahnhofsrestaurant zu Abend zu essen. Da saßen wir und aßen in aller Ruhe, während der Bahnhofsvorsteher uns wieder und wieder versicherte, dass der Zug uns nicht davonfahren würde. Ich erinnere mich, dass mein Reisebegleiter und ich die Mahlzeit fantastisch fanden – vielleicht aufgrund des Drumherums mit einer dampfenden und schnaubenden Lok, die wartend vor der Tür stand, aber vielleicht auch, weil die indischen Geschmäcker sich für uns genauso exotisch anfühlten wie für Margaret Howitt das schwedische Buffet mit seinem Preiselbeerkompott.

Ein Reisender, der von einem ungeplanten einstündigen Halt wegen eines Signalfehlers oder irgendeines anderen technischen Defekts erfährt, wird normalerweise schnell von Stresshormonen überschüttet. Aber wenn der Zug planmäßig eine Stunde mitten auf der Strecke anhält, dann breitet sich schnell eine größere Ruhe aus. Erwartungen sind alles. Auf einer Reise Mitte der 1990er-Jahre auf der schmalspurigen Eisenbahn zwischen Una und Junagadh in Westindien blieb mein Zug eine halbe Stunde lang an einem Bahnhof stehen. Mehrere indische Jungs und auch ein paar Mädchen nutzten die Gelegenheit, die Kricketschläger herauszuholen, und so wurde ich zu einem spontanen Match auf dem Bahnsteig eingeladen. Vielleicht wussten sie aus Erfahrung, dass hier länger gehalten wurde, und hatten gerade deshalb ihre Ausrüstung mitgenommen. Ein starkes Gefühl von Nähe und Spannung, und keineswegs Nervosität und Stress, erfüllte mich, als ich ein paar große Schritte machte, den rechten Arm hob und den Ball wegschleuderte. Wir schafften mehrere Runden, ehe die Lok signalisierte, dass es nun weitergehen würde.

Wenn ich mit dem alten Zug reise und mir eine vergangene Welt vorstelle, empfinde ich eine Art Ruhe und Harmonie. Genauso geht es mir, wenn ich in Europa mit dem Zug unterwegs bin und in einem Hotel im neoklassizistischen Stil einchecke, das seine große Zeit vor dem Ersten Weltkrieg hatte. Im Zug zwischen Paris und Venedig stelle ich mir vor, dass ich Hercule Poirot in «Mord im Orientexpress» bin, zwischen schweren roten Vorhängen, Jugendstil-Eisengitterfahrstühlen und tabakgelben Globen. Im Pera Palace in Istanbul spiele ich Phileas Fogg in «In 80 Tagen um die Welt», und zwischen hohen weißen Säulen im Art Déco-Hotel Imperial in New Delhi bin ich für einen kurzen Moment Tim in «Die Zigarren des Pharao».

Auf der Flucht vor der Wirklichkeit? Ja. Ein bisschen verrückt? Vielleicht. Ist Nostalgie eine Krankheit? Die russisch-amerikanische Literaturwissenschaftlerin Svetlana Boym meinte in ihrem Buch *Future of Nostalgia* von 2001, dass wir von einer globalen Nostalgie-Epidemie heimgesucht würden, einer weltumfassenden Krankheit, die sie als eine Sehnsucht nach Kontinuität in einer fragmentierten Welt erklärt.

Die Sehnsucht zurück in der Zeit, die Sehnsucht, hinaus und weg zu kommen, die Sehnsucht nach einer Welt, die es nicht mehr gibt. Für viele hat die Reise mit alten Zügen entlang klassischer Routen diese Sehnsucht stillen können.

Der Orientexpress

Es riecht nach kaltem Morgen und Benzinabgasen. Zu der Zeit, als es eher nach Hafer und Pferdeäpfeln roch, lungerten vor dem Hôtel Terminus Lyon L'Européen und der Taverne Karlsbräu an der Kreuzung Boulevard Diderot und Avenue Daumesnil kleine Diebe und Prostituierte herum. Die Viertel um die Bahnhöfe mit all ihren frisch in der Großstadt angekommenen Besuchern waren ein perfekter Ort, um ein Opfer, das man bestehlen, und Kunden, die man verlocken konnte, zu finden. Doch die Straßen um den Gare de Lyon wurden gentrifiziert und kommen einem nunmehr geradezu bürgerlich stabil, wenn nicht gar elegant vor.

Ohne Frage elegant, und vielleicht sogar überfrachtet und pompös ist der Bahnhof mit seinem siebenundsechzig Meter hohen, Big-Ben-ähnlichen Uhrenturm und mit seinen Göttinnen, die wie an einem Schloss oder einer Kathedrale Fackeln schwingen und über der Fassade aus hell-beigem Stein tanzen. Die Sonne scheint durch das Glasdach. Eine gigantische Uhr mit römischen Ziffern, es hallen Lautsprecherdurchsagen:

«*Attention, attention …*»

Meine Reise beginnt mit einem Hauch von Glanz im Bahnhofsrestaurant *Le Train Bleu*, das seinen Namen von dem klassischen Zug von Paris an die Riviera hat und im Rahmen der Weltausstellung 1900 eröffnet wurde. Andächtig nehme ich den Oberklassecharme der alten Welt auf, der hier pietätvoll bewahrt wird, als wäre das ganze Lokal ein Ausstellungsstück in einem Museum. Entlang der Wände und an der Decke Blütenblätter in Gold, kleine Lampen in Form von Glockenblumen, riesenhafte Kronleuchter, französische Originalkunstwerke, die das gesellschaftliche Leben der vorigen Jahrhundertwende schildern, und dazu eine Menge goldglänzender Schnörkeleien.

Ich schließe die Augen und träume mich in die Jahre, als Stammgäste wie Coco Chanel und Brigitte Bardot über den dicken roten Teppich schritten, sich auf den glänzenden blauen Ledersesseln an der Bar niederließen, Cocktails aus zarten Stielgläsern tranken und Zigaretten in langen Mundstücken rauchten. Als ich die Augen wieder öffne, hat mir der Kellner die Karte in die Hand gedrückt.

Zurück in der großen Bahnhofshalle scheint die Sonne immer noch durch das Glasdach auf den weißen Steinfußboden, und die Uhr mit den römischen Ziffern schlägt 14:30. Elf Minuten bis zur Abfahrt.

Eine Reise mit Goldrand verbindet man heute meist mit Kreuzfahrten durch die Karibik und den Erste-Klasse-Abteilen der interkontinentalen Fluggesellschaften. Doch früher fand Glamour auf Reisen tatsächlich in den Fernzügen mit den großen und fantasieanregenden Namen statt. So wie in einem klassischen Hollywoodfilm: Frauen in Abendkleidern und Männer in Anzügen. Alle tragen Hüte, und die Kleider sind teuer und gut geplättet. Es gibt jede Menge Platz für die Beine. Die Einrichtung ist aus Teak, die Handgriffe an den Türen und die Schilder an den Wänden sind aus Messing, und Sessel und Sofas haben weich gepolsterte, mit rotem Plüsch bezogene Sitze. Die Hauptpersonen sitzen im Speisewagen und nehmen von höflichen Kellnern servierte Drinks zu sich, die wiederum so gekleidet sind, als würden sie im feinsten Sternerestaurant arbeiten.

Selbstverständlich reisten nicht alle so vornehm, aber der Luxus, die Pracht und der Glamour gehörten zur Romantik des Zugfahrens, die in den Filmen so gern hervorgehoben und stilbildend dafür wurde, wie eine Zugfahrt vorzustellen sei, wenn man sich nur ein Erste-Klasse-Billett leisten könnte.

Die Zeitungsanzeigen für die Reise mit dem *Lake Shore Limited* vom Grand Central in New York nach Chicago lockten mit Schlafcoupés, Barwaggon, Speisewagen, Buffetwagen sowie Bibliothek und Rauchzimmer, dazu einer *observation lounge* mit besonders großen Fenstern, die man aufsuchte, um die draußen vorbeiziehenden Vereinigten Staaten auf sich wirken zu lassen.

In Europa stachen zwei Züge besonders hervor. Der eine war der Calais-Méditerranée-Express, jener Luxuszug, der wegen seiner blauen Pullman-Waggons «Der Blaue Zug» genannt wurde, und vom Ende des 19. Jahrhunderts bis 2007 wohlsituierte Europäer zur Sonne an der französischen Riviera brachte. Der andere war der König aller Fernzüge, der Orientexpress, der wegen seiner prächtigen Ausstattung «Palace on Wheels» genannt wurde und fast hundert Jahre lang täglich von London und Paris aus gen Osten nach Istanbul dampfte. Zwei Eisenbahnstrecken, die durch zwei Kriminalromane von Agatha Christie unsterblich wurden («Der blaue Express» und «Mord im Orient-Express»).

Die Eisenbahn erleichterte es, eine Grenze zu überqueren und die neuen Grenzen der Nationen herauszufordern, die nach dem Untergang der Donaumonarchie und des Osmanischen Reiches in Europa und im Nahen Osten gezogen worden waren. Die internationalen Züge stellten das perfekte Ambiente für Krimis dar, da sie auf eine zufällige Weise Menschen aus unterschiedlichen Gesellschaftsklassen und Kulturen zusammenführten. Am Anfang von «Mord im Orient-Express» erklärt der Direktor der Eisenbahngesellschaft dem Helden der Erzählung, Hercule Poirot, seine kosmopolitische Vision: «Auf meinen transkontinentalen Zügen treffen Sie ungarische Diplomaten, amerikanische Geschäftsmänner und eine russische Prinzessin. Steife Briten, alle Nationalitäten, alle Klassen, und alle haben Platz unter einem Dach, wo wir gemeinsam essen und schlafen.»

Er lässt den Blick über die kunterbunte Versammlung Oberschichtreisender im Speisewagen schweifen.

«Mit einer Ansammlung Fremder hat es etwas Besonderes auf sich», fährt er fort. «Einige Tage zusammengeführt, ohne eine größere Gemeinsamkeit, als dass sie von einem Ort an einen anderen reisen werden, um sich danach nie wiederzusehen.»

In den ersten Jahrzehnten dauerte die Reise einundachtzig Stunden und dreißig Minuten. Verspätungen waren üblich. 1929 geriet der Zug in Serbien in einen Schneesturm und saß zehn Tage fest, ehe die Reise fortgesetzt werden konnte – ein Ereignis, das für die Intrige in Agatha Christies klassischem Kriminalroman entscheidend wurde.

Doch die Geschichte des Orient-Expresses beginnt auf der anderen Seite des Atlantiks am 10. Mai 1869. Da wurde in Promontory im amerikanischen Bundesstaat Utah endlich die Central Pacific mit der Union Pacific Railway verbunden. Somit hatte die Welt ihre erste transkontinentale Eisenbahnverbindung. Von nun an war es möglich, die ganze Strecke vom Atlantik bis zum Pazifik zu reisen.

Nun stellten sich viele die Frage, ob man nicht auch

im politisch komplexen Europa etwas Vergleichbares zustande bringen könnte: eine transkontinentale Zugverbindung zwischen dem Englischen Kanal und dem Bosporus. Doch die Zweifel waren groß. Der Zug musste durch das Gebiet mehrerer Nationen fahren, die einander feindlich gegenüberstanden. Georges Nagelmackers glaubte aber trotzdem, dass es möglich wäre. Er war Bankier aus dem belgischen Lüttich, der in seinem jungen Heimatland daran mitgewirkt hatte, die Eisenbahn zu finanzieren. Doch als Geschäftsmann war er international orientiert und wollte dazu beitragen, Zugverbindungen über den ganzen Kontinent zu ermöglichen. Außerdem wollte er in dieser Angelegenheit mehr als nur ein Financier sein.

Im selben Jahr, als die USA ihre erste Eisenbahn von Küste zu Küste bekamen, besuchte er das Land und konnte beobachten, wie entlang der neuen Eisenbahnstrecke eine Gesellschaft heranwuchs, die sich durch Viehwirtschaft ernährte. Der Zug, so erkannte er, war ganz einfach die Grundvoraussetzung für Wirtschaftswachstum.

Zurück in Belgien sprach er mit seinem Vater darüber, dass man auf Schlaf- und Speisewagen setzen sollte, sogenannte *hotel cars*, eine Erfindung, die der Amerikaner George Pullman verbreitet hatte. Und der Vater seinerseits hatte gute Beziehungen zu König Leopold II., der ansonsten eher für seine profitgierigen und blutrünstigen Untaten im Kongo berüchtigt ist. Dieser gab dem Unternehmen gern seinen Segen und verlieh dem belgischen Eisenbahnunternehmen, das Europa verbinden wollte, damit königlichen Glanz. Nagelmackers' Neugründung wurde *Compagnie Internationale des Wagon-Lits et des Grands Express Européens* getauft, ein Name, der von den großangelegten Ideen kündete, die hinter dem ersten Versuch standen, eine europäische transkontinentale Zugverbindung zu errichten.

Am 4. Oktober 1883 rollte der erste Zug aus dem Gare de Strasbourg in Paris (heute Gare de l'Est) mit Ziel Konstantinopel, Hauptstadt des Osmanischen Reiches und gleichsam Tor zum Orient. Etwas Vergleichbares hatte man in Europa noch nicht gesehen. Hinter der Lok und dem Kohlentender kamen zwei Gepäckwagen, die auch Post und feine Weine transportierten. Dahinter ein Speisewagen im barocken Stil und dann zwei Schlafwagen, wo man sich auf Seidenlaken bettete. Der Reporter des *Figaro* Georges Boyer, der an der Jungfernfahrt teilnahm, berichtete, wie sehr ihn das hohe Niveau des Essens an Bord beeindruckte. Besonders faszinierte ihn, dass der burgundische Koch ein Menü geschaffen hatte, das die verschiedenen Geschmacksrichtungen der auf der Reise durchkreuzten Länder widerspiegelte.

Die Höchstgeschwindigkeit des Zuges betrug achtzig Stundenkilometer – in der Welt des 19. Jahrhunderts herausragend schnell. Dank neuer Technik der Federung verlief die Fahrt relativ reibungslos. Ein anderer Journalist, der an Bord war, der Pariser Korrespondent für

The Times Henri Blowitz, beschrieb, wie die Kellner den Wein in die Gläser einschenken konnten, ohne einen Tropfen zu verschütten. Der Kontrast zu den von Pferden gezogenen Postkutschen und den ersten ungefederten Zügen war extrem. Nun glitt der Zug sanft über Straßburg, München, Wien und Budapest auf sein Ziel zu. Im ungarischen Szeged stieg ein Roma-Orchester zu, um die Oberschichtreisenden zu unterhalten. Als dieses sein Programm mit der Marseillaise beendete, vermochte der französische Koch nicht an sich zu halten, berichtet Henri Blowitz, und stimmte mit kräftiger Stimme in den Gesang ein.

Man hatte es nicht unbedingt eilig. In Bukarest machte man Halt für einen Ausflug ins einhundertzwanzig Kilometer nördlich der Hauptstadt gelegene Sinaia und für einen Besuch beim rumänischen König. Danach gingen die Passagiere davon aus, dass der Zug sie nun die ganze Strecke bis zum Schwarzen Meer bringen würde. Doch als man nach Girurgiu an einem Nebenfluss der Donau nahe der Grenze zu Bulgarien kam, hielt der Zug an. Den Reisenden wurde schnell klar, warum: Es gab keine Eisenbahnbrücke – eine Tatsache, die Nagelmackers vor der Abfahrt zu berichten vermieden hatte. Die Passagiere mussten mit der Fähre fahren und dann einen bedeutend weniger luxuriösen Alltagszug besteigen. Dort machte sich Unruhe breit, als die Passagiere begannen, sich gegenseitig Geschichten von bulgarischen Banditen zu erzählen, die Gleise aufrissen, um Züge anzuhalten und die Reisenden auszurauben. Doch sie kamen wohlbehalten in der Küstenstadt Warna an und konnten dann mit dem Dampfschiff die restliche Strecke bis Konstantinopel zurücklegen.

Die Werbung vor der Abreise hatte mehr versprochen als man halten konnte. Doch obgleich die Jungfernfahrt mit zwei verschiedenen Zügen und zwei Schiffen erfolgte und fünf Tage dauerte, hatte man die 2800 Kilometer doch schneller und bequemer denn je zurückgelegt.

Ich beschließe, dieselbe Strecke zu reisen, die einst vom Orientexpress befahren wurde. Doch anstelle eines einzigen Fernzuges erfordert es heute sechsmaliges Umsteigen, bis ich in Istanbul bin. Die Reise beginnt damit, dass der Zug 9249 durch die heruntergekommenen südöstlichen Vororte von Paris rollt und dann an gelben Feldern, feuchten, erdigen Äckern und dichten Gruppen weiß gekalkter Steinhäuser vorbeisaust. Die Randgebiete scheinen niemals aufzuhören, sondern gehen nur Kilometer um Kilometer weiter.

Je weiter wir nach Süden kommen, desto hügeliger wird die Landschaft. Als wir an Lyon vorbei sind und uns Chambéry nähern, erheben sich die Berge dramatisch zum Himmel und verschwinden in grauweißen Wolkenfetzen.

Nachdem der Zug mit einem kaum hörbaren Ticken der Schienenstöße begonnen hat, sich in engen Kurven über den Bergpass und durch lange Tunnel in den Kalksteinalpen zu arbeiten, nimmt er nie wieder die Geschwindigkeit auf, mit der er durch die Felder rauschte. Gemächlich gleitet er in der Dunkelheit durch Norditalien, die Berghänge sind von den Lichtern kleiner Dörfer gepunktet.

Es ist eine schöne Reise durch Täler, über Pässe und um Berggipfel herum. In ein paar Jahren wird die Reise bedeutend schneller und effektiver und damit klimafreundlicher vonstatten gehen. Nach mehreren Jahren der Verzögerung, vor allem durch Widerstand der lokalen Bevölkerung und politische Uneinigkeit unter den Entscheidungsträgern in Rom, hat die erste Phase des Baus einer neuen Eisenbahnstrecke zwischen Lyon und Turin nun begonnen.

Der Zug ohne Namen, aber mit der Nummer 9719 von Mailand nach Venedig hat Waggons im Raumfahrtdesign mit dunkelgrauen Ledersitzen und gepunkteten Plastikböden. Er schlängelt sich am blau glänzenden Südufer des Gardasees am Fuß der Alpen entlang, wo Weinranken und Zypressen in schnurgeraden Reihen wachsen und die Häuser erdgelb und rostrot aussehen.

Es ist ein feierliches Gefühl, als der Zug das letzte Stück über die Brücke von Mestre hinüber zu der autofreien Weltkulturerbe-Stadt fährt, die auf Millionen von Holzpfählen im lehmigen Meeresboden gebaut ist. Vom Zug treten wir direkt auf den Kai am Canal

Grande, wo die Vaporetto-Fähren liegen und brummen und darauf warten, die Passagiere ins Herz der Kanalstadt zu bringen.

Tags darauf verlasse ich die Stadt mit einem Regionalzug nach Triest. Hier drängeln sich die Passagiere stehend zwischen den Sitzen, denn es ist bald sechs Uhr abends und Rushhour für alle Kellner, Touristenführer und Verkäufer, die nach Hause aufs Festland in die Orte entlang der nördlichen Eisenbahnroute fahren. Schulter an Schulter, Brust an Rücken, müde Blicke, hängende Köpfe. Die Glasscheiben des Nahverkehrszuges vibrieren, als er unter einer dünnen Mondsichel am blassblauen Abendhimmel nach Osten eilt.

Triest war die Königin unter allen an die Eisenbahn angeschlossenen und kosmopolitischen Grenzstädten. Ihre Geschichte ist gelinde gesagt schizophren: Die Stadt gehörte zu Österreich, zum habsburgischen Reich, zur Republik Venedig, und einige Jahre nach dem Zweiten Weltkrieg hieß sie Freies Territorium Triest, ehe sie schließlich italienisch wurde. Seit der Römerzeit ist die Stadt eine Kreuzung gewesen, wo sich Kulturen und Volksgruppen zwischen Ost und West, Nord und Süd begegneten. Hier taten sich einst Italiener, Österreicher und Slowenen mit Völkern aus im Grunde jeder Ecke Europas zusammen.

Doch heute führt kein Zug weiter nach Osten. Die sieben Kilometer lange Bergstrecke mit einem antiken Straßenbahnwagen aus Holz, der normalerweise vom

Bahnhof zur slowenischen Grenze in Opicina oben auf dem Bergkamm führt, ist wegen Renovierung geschlossen – und ich muss mich zum ersten Mal ohne Schienen fortbewegen. Widerwillig werfe ich mein Gepäck in ein Taxi, um die Lücke zwischen den Gleisenden zu überbrücken.

Aber bald bin ich zurück in der geborgenen Welt der Eisenbahn. Zug Nummer 1807 von Opicina nach Ljubljana singt und quietscht, während die anderen Reisenden im Waggon knisternde Tüten mit Brot und Obst herausholen und ein Picknick aufdecken. Doch es sieht nicht so aus, wie ich es von den Reisen meiner Jugend in jugoslawischen Zügen auf dem Weg nach Athen und auf die griechischen Inseln erinnere. Da war es ein anderes Europa mit alten Frauen mit Kopftuch, die ihre Tuchbündel mit Obst und Schinken aufknüpften, während die ländliche Gegend vor dem Fenster sich ebenso arm ausnahm, wie die Häuser und die Menschen heruntergekommen und unzeitgemäß wirkten. Die picknickenden älteren Sloweninnen im Zug von heute sind jugendlich gekleidet und sehen aus wie ganz gewöhnliche europäische Stadtbewohner – unmöglich, sie von Gleichaltrigen in London, Paris oder Stockholm zu unterscheiden. Und die Häuser in den slowenischen Dörfern, an denen wir vorbeifahren, sind heil, hübsch, sauber und frisch renoviert.

Der Nachtzug nach München steht im Bahnhof von

Ljubljana und drängt darauf, loszukommen, während die stahlharten, rostroten Güterzüge frech vorbeidonnern. Ich warte auf den Nachtzug 411 nach Belgrad, mit einem Beutel Essen versorgt, denn meine Hoffnung, endlich in einem Zug mit Restaurant zu landen, ist vorhin von der Frau am Fahrkartenschalter mit einem milden Lächeln ruiniert worden.

«Einen Platz im Schlafwagen, bitte», versuchte ich.

«Tut mir leid, nur *lezisce*, nur Liegewagen», antwortete die Frau.

«Gut, dann nehme ich das. Aber einen Speisewagen wird es doch geben, oder?»

«Nein, ganz sicher nicht!»

Als ich den serbischen Nachtzug besteige, verstehe ich, warum die Frau am Fahrkartenschalter so resigniert aussah. Die schwere Tür des Wagens wie auch die Schiebetüren zwischen den Waggons sind mit Seilen festgebunden, weil die Schlösser kaputt sind. Die mit braunem Cord überzogenen Bänke in den Abteilen sind abgenutzt und verzogen. Und die Fensterbretter sind so abschüssig, dass alles, was man darauf stellt, herunterrutscht. Der Zug dröhnt, schaukelt, rumpelt, piepst, zischt, keucht und pfeift, während wir nach Osten ruckeln.

Bisher habe ich während der Reise noch an keiner Grenze meinen schwedischen Pass zeigen müssen. Für mich, der ich seit meiner Jugend von einer utopischen Welt ohne Militärs, Landesgrenzen und anschwellenden nationalen Gefühlen geträumt habe, war das Schengen-Abkommen die Verwirklichung eines kosmopolitischen Traums, als es 1985 eingeführt und während der folgenden Jahre so ausgeweitet wurde, dass man heute zwischen EU-Ländern, assoziierten Staaten und Regionen reisen kann, ohne auch nur den Schatten eines Grenzbeamten zu sehen. Doch als wir an die Grenze nach Kroatien kommen, wird mir klar, dass der kosmopolitische Traum seine Grenzen hat. Es ist einfach nicht die ganze Welt Teil der Region, in der wir frei reisen, unsere Waren ohne Zollauflagen transportieren und länderübergreifend ohne Arbeitsgenehmigung oder nationale Bürokratie arbeiten können. Nicht einmal in ganz Europa ist das so.

Ich werde von lautem Klopfen an die Abteiltür geweckt.

«*Passkontrolle!*», rufen die slowenischen Polizisten auf Deutsch. Nun haben wir die äußerste Grenze des Schengen-Gebietes erreicht.

Einige Minuten später klopft es wieder, nun sind die kroatischen Kontrolleure an der Reihe. Und ein paar Stunden später, als der Zug die Grenze zu Serbien erreicht hat, ist es wieder Zeit für die kroatischen Grenzbeamten. Als ich gerade wieder eingeschlafen bin, klopft es wieder. Diesmal noch lauter.

«*Passport!*», schreit der serbische Passkontrolleur.

Als ich in den 1980er-Jahren mit dem Zug durch Europa fuhr, hörte sich das an jeder Grenze so an. Allerdings waren einige natürlich schärfer bewacht und lauter als andere. Die erste Begegnung mit richtig strengen Grenzbeamten kam, wenn der Zug in Sassnitz von der Schwedenfähre rollte und der Grenzpolizist der DDR misstrauisch meinen Pass kontrollierte, als sei ich ein verkleideter Menschenschmuggler oder ein ausgebüchster Mafioso und nicht ein schwedischer Teenager auf dem Weg zu seinem ersten Sommerabenteuer. Als der Zug dann weiter durch die Tschechoslowakei, Ungarn und Jugoslawien zuckelte, kamen sie bei jedem Grenzübertritt wieder, diese Herren mit ihren grimmigen Mienen und den zu großen Uniformmützen, die mit Hilfe kurzangebundener Kommandos kommunizierten. Für einen jungen Schweden, der gutmütige Polizisten gewohnt war, die einem wohlgesonnen waren, klang dies alarmierend. Sah die Welt in Wirklichkeit so aus? Mit den Mitteln der Vernunft konnte ich erkennen, dass sich hierin das Kontrollbedürfnis der Diktaturen ausdrückte, doch die persönlichen Begegnungen mit den osteuropäischen Grenzleuten waren dennoch ein Schock.

An der Grenze zwischen Bulgarien und der Türkei ging es richtig zur Sache. Die Grenzbeamten, die mitten in der Nacht den Zug bestiegen hatten, begannen zu schreien und zu gestikulieren, nachdem sie meinen Pass und den meines Reisebegleiters aufgeklappt hatten. Dieses Verhalten gehörte dann wohl doch nicht zur üblichen Prozedur. Jetzt war etwas richtig nicht in Ordnung. Die Polizisten schubsten uns barsch vom Zug und trieben uns in das kleine Grenzhäuschen neben den Gleisen.

«*Keine Visa, keine Visa*», stellte der kräftig gebaute Kommissar auf Deutsch fest und schüttelte den Kopf hinter seinem Schreibtisch mit Papierstapeln und ordentlich aufgereihten, beeindruckend großen Stempeln.

«Wir wussten nicht …», stotterten wir und sahen verstohlen zu dem Nachtzug hin, der mit unserem Gepäck an Bord auf dem Gleis vor der Tür stand und puffte, keuchte und seufzte.

Natürlich hatten wir furchtbare Angst, dass er losrollen und nach Istanbul verschwinden und uns hier zusammen mit zehn türkischen Grenzpolizisten und zwei bellenden Wachhunden an der Grenzkontrolle in Kapıkule zurücklassen würde. Doch wie durch ein Wunder nahm der Kommissar plötzlich einen seiner Stempel zur Hand, seufzte, stempelte und gab uns unsere Pässe zurück. Ebenso erstaunt wie erleichtert rannten wir zum wartenden Zug zurück.

Es ist das alte 1980er-Jahre-Europa, das Europa des Kalten Krieges und des Eisernen Vorhangs, das harte, paranoide und schreierische Passkontrollen-Europa, das mir in den Sinn kommt, als wir nun mit den serbischen Grenzpolizisten konfrontiert werden. Dieses Europa gehört nun mal nicht völlig der Vergangenheit an, es existiert immer noch. Nicht für mich und meinesgleichen, die einen Schengen-Pass besitzen, aber für die außereuropäischen Reisenden, die mit mehr oder weniger legalen Reisedokumenten versuchen, in diesen Teil der Welt zu kommen.

Die Dämmerung über dem verfallenen Hauptbahnhof von Belgrad ist bleigrau und regennass. Mitgenommene Gestalten sitzen hier in den frühen Morgenstunden im Bahnhofscafé, trinken Kaffee und rauchen Morava ohne Filter in Kette. Die grün-weißen Tischdecken haben Brandlöcher von Zigaretten, und ein Mann mit mehrere Tage alten Bartstoppeln betritt die Bar mit einer Zigarette im Mundwinkel und kippt ein Glas Brandy. Nach einem kurzen Frühstück ist es Zeit, sich nach Bulgarien zu begeben.

Im Wagen im Zug 491 nach Sofia ist es schweinekalt. Zehn Stunden ohne Verpflegung. Doch ich bin nicht betrübt, denn ich habe mich an den Kiosken in Belgrad mit Pirogen, Kuchen und Brot versorgt.

Als der Zug in Niš am Bahnsteig hält, wage ich es, schnell rauszulaufen, um am Kiosk ein paar große, braune Flaschen Bier zu kaufen. Der Schaffner lacht, als er sieht, wie gestresst und gehetzt ich bin.

«Immer mit der Ruhe!», ruft er.

Da hatte er recht. Erst eine Stunde später setzen wir unsere Fahrt fort, rumpelnd und knarrend mit einer pfeifenden Lok gen Osten Richtung Sofia an einem rauschenden Fluss entlang durch eine schmale Schlucht. Wir kommen an Bela Palanka und Dimitrovgrad an der bulgarischen Grenze vorbei, dann fahren wir im warmen

Abendlicht über ausgedehnte Weizenfelder mit mächtigen, schneebedeckten Bergen im Hintergrund.

Viele königliche Hoheiten sind mit den klassischen Zügen gereist. Alle außer zweien begnügten sich damit, sich in einer Atmosphäre von glamourösem und klassischem Luxus in den königlichen Salons der Wagen fortbewegen zu lassen. Doch nicht so König Ferdinand, der sich Zar von Bulgarien nannte, seit sich das Land 1908 als unabhängig vom Osmanischen Reich erklärt hatte. Er besaß nicht nur einen eigenen Königswaggon, sondern war auch sehr interessiert an Dampfloks. Als der Orientexpress an Bulgarien vorbeifuhr, pflegte er mitzufahren und zu verlangen, nach vorn in die Lok kommen zu dürfen, um den Regler zu bedienen und die Kontrolle über den Zug zu übernehmen.

Einmal wachte der König mitten in der Nacht in seinem Schlafwagen mit dem starken Bedürfnis auf, den Zug zu lenken. Doch wie sollte er Kontakt zum Lokführer bekommen? Die Antwort lautete: indem er die Notbremse zog, aus dem Zug ausstieg und auf dem Bahndamm nach vorn zur Lok spazierte. Leider blieb der Zug darauf hin mehrere Stunden stehen, weil die Bremsen festgefahren waren. Doch schließlich konnte er seine Fahrt fortsetzen, nun mit Ferdinand an den Schalthebeln. Seine Entourage war nicht erfreut und verlangte, er solle künftig zu orthodoxeren Methoden greifen, um in die Lok zu kommen.

Der bulgarische Zar wurde 1918 zur Abdankung gezwungen, da er im Ersten Weltkrieg auf der Seite der sieglosen Achsenmächte gestanden hatte. Sein Thronfolger, Sohn Boris, war, falls das überhaupt möglich ist, ein noch größerer Eisenbahn-Enthusiast. Während einer Reise mit dem legendären Zug durch Bulgarien fand er es an der Zeit, etwas gegen die starke Verspätung zu unternehmen, die der Zug bis dahin angesammelt hatte. Vorne im Führerhäuschen, das er beim Halt an einem der Bahnhöfe geentert hatte, sorgte er für volle Fahrt. Er öffnete den Regler komplett, um die Dampfkraft zu maximieren. Als der Druckmesser die rote Gefahrenlinie passierte, tat der Lokführer, was er konnte, um den Druck zu verringern. Doch das half nichts, solange ihm Boris entgegenarbeitete und «mehr Druck, mehr Kraft, schnellere Fahrt!» rief und den Heizer anwies, mehr Kohlen ins Feuerinferno in der Luke zu werfen. Einem König widersetzt man sich nicht einfach so, also öffnete der Heizer die Luke. Ein flammender Feuersturm fuhr ins Führerhäuschen und umfing den Heizer. Er fiel mit brennenden Kleidern von der Lok.

Ob der König nun verzweifelt war, eine Notbremsung befahl und ein Telegramm an den Rettungsdienst schickte? Nein, Boris ignorierte den Vorfall einfach und forderte weiterhin volle Kraft voraus. Es schien wichtiger, dass der Zug rechtzeitig ankam, als dass man sich um den Tod eines Heizers kümmerte. Wie viel Geld man der Familie des unglücklichen Mannes bezahlen musste, damit das Geschehen nicht öffentlich wurde, ist nicht bekannt.

Der Abendzug 493 von Sofia nach Kapıkule an der bulgarisch-türkischen Grenze wird nicht mehr mit Dampf betrieben, sondern mit Strom und besteht heute aus fünf graffitiverschmierten Wagen des 70er-Jahre-Modells. Heruntergekommen, kalt, feucht. Vier der Waggons gehen nur bis zur Stadt Plowdiw, weshalb wir, die weiter wollen, an den ersten Waggon verwiesen werden, wo wir uns mit fünf fröhlichen Roma-Großfamilien drängen, die auf dem Weg nach Hause zu ihren Dörfern in Ostbulgarien sind.

Ich decke meinen Proviant aus Paprika, gefüllten Weinblättern, Brot, Brie und bulgarischem Rotwein auf. Das Licht im Wagen ist leicht bläulich, es riecht nach Schweiß und Kohlenrauch, aber die Stimmung ist warm und freundlich, bis die Roma bei einem kleinen Dorf ein paar Kilometer vor der türkischen Grenze aussteigen und von der Dunkelheit verschluckt werden. Da fühle ich mich allein gelassen und einsam und frage mich, ob wohl alles mit rechten Dingen zugeht. Eine Lok, ein einziger Waggon, fast keine anderen Passagiere? Dadammm-dadamm … gen Osten Richtung Asien und in die stockdunkle Nacht hinein.

Doch ganz allein bin ich nicht. Vier andere Roma-Familien sind noch im Zug, dazu zwei kanadische Interrailer, ein holländisches Mädchen auf dem Weg nach

Edirne, um die Wurzeln der Bahái-Religion zu studieren, und ein Brite, der eine Nostalgiereise zur Erinnerung an seine erste Zugreise nach Istanbul im Jahre 1973 unternimmt, auf der er damals nur ein einziges Mal umsteigen musste. Auf diesem Trip nun hat er schon fünfmal den Zug wechseln müssen.

Und jetzt ist es noch einmal soweit, denn der Zug in den Orient macht an der Grenze zur Türkei Halt. Von hier müssen wir das letzte Stück bis Istanbul mit Schienenersatzbussen reisen, weil die Gleise renoviert werden.

Doch als wir vor dem klassischen Sirkeci-Bahnhof in Istanbul aussteigen, verspüre ich den salzigen, lauwarmen Wind vom Bosporus und sehe, wie der Dämmerungshimmel im Osten sich in vielen Nuancen aus Lila und Rot verfärbt, und ja, da vergesse ich alle heruntergekommenen Züge, fehlenden Speisewagen, schreienden Grenzpolizisten und die ärgerlichen Schienenersatzbusse.

Hohe Berge und tiefe Täler

Heute schneit es in den Alpen. Schwere Flocken, die sich in dicken Haufen auf die Gleise vor uns legen. Der rote Zug zischt in den Kurven, als wäre er eine riesige Schlange, die sich voran windet. Vom Pflug der Lok wird der Schnee in Kaskaden nach hinten geschleudert. Hinein in einen Tunnel und hinaus auf eine Steinbrücke. Schräg über uns noch eine hundert Jahre alte Brücke. Nach einer weiten Kurve durch einen steil abfallenden Tannenwald mit gefrorenen Wasserfällen und Spuren im Schnee, vielleicht von Steinböcken oder Murmeltieren, fahren wir auch über diese Brücke und in einen weiteren Tunnel.

Es ist die erste Januarwoche. Heute Morgen habe ich im schweizerischen Chur den Bernina Express bestiegen, und heute Nachmittag werde ich im italienischen Tirano wieder aussteigen. In der Zwischenzeit wird der Zug auf über 2000 Meter Höhe klettern. Ist das überhaupt möglich?, frage ich mich, als wir uns durch die

Wechten auf dem Bahndamm der im Tal gelegenen mittelalterlichen Stadt schlängeln.

Die nord-südlichen Alpentäler, von windumtosten Bergpässen abgegrenzt, sind seit der Steinzeit Transitregionen. Ein Beweis dafür war der einsame Wanderer, den man 1991 in einem Gletscher eingefroren zwischen den österreichischen Ötztal-Alpen und dem italienischen Schnalstal gefunden hat, 150 Kilometer östlich von dem Tal, in dem der Zug, in dem ich jetzt sitze, Anlauf für die Fahrt über den Berninapass nimmt. Der Wanderer, der Ötzi getauft wurde, war vierzig Jahre alt an jenem Tag vor ca. 5000 Jahren, an dem er bei dem Versuch starb, das zu tun, was ich heute unter angenehmeren Bedingungen tue, nämlich die Alpen zu überqueren.

Ötzi und ich haben beide nur das Notwendigste für die Reise in den Rucksack gepackt. In seinem Fall das Kupferbeil, ein Feuersteingerät, Material zum Feuermachen und ein Dolch in einer Bastscheide. Dazu zwei Glutbehälter aus Birkenrinde und ein noch nicht ganz fertiggestellter Bogen mit vierzehn Pfeilen. Man nimmt an, dass er sich in einem ungewöhnlich heißen Sommer über den Berg begeben wollte und vom Unwetter überrascht wurde. Trotz der Hitze in den Tälern trug er eine Mütze aus Bärenhaut, Pelzmantel, Pelzhosen und darunter Unterhosen aus Ziegenleder. Er schien also gut darauf vorbereitet, dass da oben ein kalter Wind wehen würde. Aber vermutlich war es auch nicht ein Sturm, der ihn umbrachte, sondern ein anderer Mensch. In seinem Schulterblatt fand man eine Pfeilspitze. Wahrscheinlich starb Ötzi im Zusammenhang mit einem Streit. War er vielleicht auf einen Mann aus dem Nachbartal getroffen, das auf dem Pass um Beeren und Wild (Blaubeeren, Preiselbeeren, Steinböcke und Rotwild) konkurrierte?

Eine andere oft erzählte Geschichte über unglückselige Ausflüge über die Alpen ist die von Hannibal aus Karthago, der während des Zweiten Punischen Krieges im 3. Jahrhundert v. Chr. mit seiner Armee und 37 Elefanten über die Alpen wanderte. Hannibals Elefantenarmee scheint im Unterschied zu Ötzi wirklich vom widrigen Wetter der Berge mit Schnee und harschen Winden überrascht worden zu sein. Denn was wusste schon ein erobernder karthagischer Feldherr, der Afrikas Sonne gewohnt war, über das unberechenbare Wetter in den Alpen? Ich weiß doch, wie oft ich selbst den Fehler begangen habe, in Bergregionen zu glauben, dass die herrschenden Wetterverhältnisse, in denen ich mich befand, auch eine Stunde später zwei Kilometer entfernt und fünfhundert Meter höher gelten würden.

Ein einsamer Steinzeitwanderer in Pelzkleidern, Seite an Seite mit Elefanten und nordafrikanischen Soldaten in kurzen Hosen, Sandalen und Helmen mit Federbüscheln, im Gletscher eingefroren. Das ist ein Bild, das sich in mir festsetzt und wieder und wieder vor meinem inneren Auge erscheint, als ich da in einem weichen Sitz mit einer Tasse Espresso vom Kioskwägelchen in dem behaglich warmen Abteil sitze. Die großen Panoramafenster geben mir das Gefühl, mich unter einer riesenhaften Käseglocke zu befinden. Oder als Astronaut in der sicheren Raumkapsel mit dem kalten und gefährlichen All vor der Tür. Abgeschirmt von der Natur und vor ihr geschützt. Als Bahnreisender kann ich es mir leisten, ahnungslos zu sein, was Wetterumschwünge angeht. Fast lautlos rausche ich über gefrorene Täler und eisige Felskämme hinweg, unberührt von der Kälte und der Gefahr, die der Steinwanderer und der Feldherr erlebten.

Lange war es ein ferner Traum, die Alpen schnell und geschmeidig überqueren zu können. Mit den ersten Eisenbahnen wurde die Hoffnung geweckt, nicht mehr auf schmalen Pfaden oder im besten Fall auf mit Schlaglöchern übersäten Kieswegen die hohen Pässe erklimmen zu müssen.

Um diesen Traum zu verwirklichen, lud der Bundesrat der Schweiz Mitte des 19. Jahrhunderts zwei englische Ingenieure ein, die auch bei dem Bau der ersten Eisenbahnstrecken von Großbritannien dabei gewesen waren. Dann begann man, Gleise in den Teilen des Landes zu verlegen, die etwas flacher waren. Wenn man auf die Alpen stieß, sorgte man dafür, die Schienen durch die Täler zu verlegen. Kein Risiko. Man denke an Hannibal!

Doch es juckte den Ingenieuren doch ein wenig in den Fingern beim Anblick der schneebedeckten Gipfel.

Auf irgendeine Weise musste es doch möglich sein, sie mit Stahl, Eisen, Dampfkraft, Sprengstoff und moderner Ingenieurskunst zu bezwingen.

Den ersten Teilsieg im Kampf gegen die Berge errang man im Nachbarland Österreich, das damals noch Teil des Habsburgischen Reiches war. 1884 wurde die sich windende, mal steil abfallende und mal aufsteigende Eisenbahn von Gloggnitz über Semmering nach Mürzzuschlag in Betrieb genommen. Sechs Jahre lang hatten 20 000 Arbeiter vierzehn Tunnel gesprengt und gegraben und sechzehn Viadukte und über hundert Eisenbrücken und geschwungene Steinbrücken gebaut. Es war eines der bis dahin größten technischen Meisterleistungen des 19. Jahrhunderts und verwandelte das Dorf Semmering von einem gottvergessenen Kaff in einen beliebten Erholungsort für Sommertouristen aus der Hauptstadt des Reiches Wien und später auch für Wintersporttouristen und alpine Skisportler aus der ganzen Welt.

Hunderte kurzer Tunnel und Steinbrücken in allen Ehren, aber eine kleine Anzahl langer Tunnels, die direkt die Bergkette durchschneiden, sodass der Zug nach wenigen Minuten Dunkelheit direkt in der Wärme auf der italienischen Seite wiederauftaucht, schien doch effektiver. Die beste Methode, Höhenunterschiede, erosionsgefährdete Schluchten und unberechenbares Bergwetter zu überwinden, war doch, tiefer zu bohren und sich unter *allen* Hindernissen hindurchzuarbeiten.

Die erste lange Direktverbindung zwischen zwei

Alpenländern war der Fréjustunnel unter dem Mont Cenis an der Grenze zwischen Frankreich und dem neu gegründeten Nationalstaat Italien. Hier hatte man bereits 1855 begonnen, zu bohren und zu graben. Fünfzehn Jahre später trafen sich die französischen und die italienischen Arbeiter und schüttelten sich im Innern des Berges die Hände, und im darauffolgenden Jahr rollten die ersten Züge in den dreizehn Kilometer langen Tunnel. Eine Leistung von Konstrukteuren und Arbeitern, die mich deutlich mehr beeindruckt als einiges von dem, was heute in unserer hochtechnologischen Welt gebaut wird. Wie haben die Arbeiter es nur geschafft, ohne Laserstrahlen und GPS, die heutige Tunnelbauer benutzen, im Innern des Berges an der richtigen Stelle aufeinanderzutreffen? Reichten Hacken und Spaten, mathematische Formeln und Kompasse wirklich aus?

1882 wurde auch die erste echte schweizerische Bergeroberung fertig: der fünfzehn Kilometer lange Sankt Gotthardtunnel. Von da an ging es immer schneller. Der nächste Meilenstein unter den Alpen wurde der Simplontunnel aus dem schweizerischen Brig ins italienische Domodossola, der die Reisezeit für Fernreisende zwischen London und dem Orient verkürzte.

Ich selbst fahre gerade in den Tunnel ein, der kurz nach der vorletzten Jahrhundertwende das Engadin und das Val Poschiavo für Handel und Tourismus öffnete. Der rote Zug pfeift zornig, ehe er in den langen Albulatunnel rollt. Als wir auf der anderen Seite herauskommen, sind die Unwetterwolken näher gekommen, die Flocken fallen dichter, und der Schnee liegt hoch auf den Dächern. Doch trotz Gegenwind zuckelt die Schmalspurbahn bergauf, und als wir den höchsten Punkt in Ospizio Bernina auf knapp 2200 Metern Höhe erreichen, gehen einem die Ohren zu.

Als ich am nächsten Bahnhof aussteige, heult der eisige Wind über den glatten, verschneiten Bergrücken. Doch ich bin noch nicht am Ende meiner Tagesetappe. Hier bin ich aus einem anderen Grund ausgestiegen. Ich rutsche über das Eis auf dem Bahnsteig. Die Sonne scheint schwach hinter zarten Wolkenschleiern und erzeugt ein unwirkliches Gefühl. Neben dem gefrorenen Bach und dem atemberaubenden Abhang kann man im Schneedunst ein Steinhaus in Alp Grüm erkennen. Es sieht aus, als wären wir direkt in einen Weihnachtskalender gestiegen.

Die Züge kommen und gehen einmal stündlich, und immer mehr Reisende steigen aus und belagern das Wirtshaus auf dem Bergrücken über den Wolken. Spaghetti Bolognese, ein Weißbier und ein Espresso, von Kellnern serviert, die Italienisch ebenso sprechen wie Deutsch – und vielleicht sogar Rätoromanisch, die romanische Sprache, die in der Schweiz zu den offiziellen Sprachen gehört und in diesem Teil des Landes bis zur vierten Klasse die Unterrichtssprache ist. Dann besteige ich wieder den Zug für die Fahrt über das arktische

Hochplateau mit dem Lago Bianco, dem weißen See mit dem schwarzen Eis, durch eine verschneite und steif gefrorene Winterlandschaft.

Jetzt geht es den ganzen Weg bis zum italienischen Valtellina steil hinunter. Durch schmale Tunnels, die einem wie von Trollen bevölkerte Märchengrotten vorkommen. Ab und zu gibt der Zug ein Signal, das einer Dampfpfeife erstaunlich ähnlich klingt, obgleich Lok und Wagen modernsten elektrischen und digitalen Standards entsprechen. Plötzlich tauchen wir ins Tal ein. Die Luft, die durch das kleine, geöffnete Fenster am Ende des Ganges strömt, ist lau. Der Schnee ist verschwunden und durch gelbes Gras und graue Steinhalden ersetzt. Es riecht nach feuchter Erde und Kuhfladen, und weit unten im Tal erkennt man Poschiavo, das aus der Vogelperspektive des Zuges oben auf dem Berg wie ein Spielzeugstädtchen aussieht. Es fühlt sich fast so an, als säßen wir in einem Flugzeug, das zur Landung ansetzt.

Ungefähr zehn Haarnadelkurven später rollen wir durch den Ort, der auf tausend Metern Höhe liegt, und fahren dann weiter an einem rauschenden Fluss mit klarem türkisfarbenen Wasser entlang, der in einen dunklen, eisfreien See mit unruhig gekräuselter Oberfläche übergeht. Wir winden uns durch das Kreisviadukt in Brusio, das sich selbst verknotet und mit Hilfe einer einem römischen Aquädukt verwirrend ähnlichen Steinbrücke ein stilechtes Schienenrund bildet. Dann halten wir in der italienischen Kleinstadt Tirano, der südlichen

Endstation für den Berninaexpress, auf ungefähr vierhundert Metern Höhe gelegen.

Hier scheint die Sonne. Hier wachsen die Palmen.

In Tirano hätte ich in den Zug der Trenitalia nach Mailand umsteigen und dann zweieinhalb Stunden später im grünen Parco Semione herumspazieren oder am Bartresen in der Campari-Bar in der Galleria Vittorio Emanuele II. herumhängen können. Doch erst muss ich wieder in die Berge für weitere atemberaubende Reiseerlebnisse. Also nehme ich nach einer Stunde den nächsten Zug hinauf ins Tal auf der schweizerischen Seite der Grenze, das aber kulturell, sprachlich und kulinarisch gesehen immer noch in der italienischen Welt gelegen ist.

Ich warte auf die richtige Höhe und steige in Poschiavo aus, wo die zur Sonne gewandten Häuser aussehen wie die Palazzi am Canale Grande in Venedig und wo die den Ort umgebenden Alpengipfel schneebedeckt sind. Hier gibt es nämlich ein Hotel, das die Geschichte des Reisens zwischen Nord- und Südeuropa erzählt.

Das Hotel Albrici à la Poste ist in einem Haus von 1682 untergebracht, das ungefähr hundert Jahre lang die Residenz des Bürgermeisters des Ortes war. Zu Beginn des 19. Jahrhunderts übernahm es die Familie Albrici und baute das Haus zum ersten Hotel der Stadt um. Die Eisenbahn war da noch nicht gebaut, aber der Kiesweg über den Berninapass erlaubte Kutschenverkehr quer über die Alpen. Hier kamen die Postillione, Geschäftsleute und Touristen mit Pferd und Wagen an, erschöpft und ausgekühlt nach der schaukeligen und kalten Reise über die 2000 Meter Höhe. Dort, wo heute die Hotelgäste frühstücken, standen die Pferde und durften Hafer mümmeln, um Kraft vor dem nächsten harten Tagwerk auf der Route durch Reisfelder, Weinberge und Obstgärten nach Süden zu sammeln.

Albrici ist ein Überbleibsel einer vergangenen Zeit. Als man kürzlich das Dach der Bar renovierte, kam ein 350 Jahre altes Gemälde, das den römischen Meeresgott Neptun zeigt, zum Vorschein. Das ganze Lokal mutet wie ein Museum des Reisens an: Kunst aus dem 17. Jahrhundert mit Motiven aus der Bibel an den Wänden und Möbel aus dem 18. Jahrhundert in den allgemeinen Räumen. Ich blättere in einem 150 Jahre alten Gästebuch. In schönem schnörkeligem Stil sind die Übernachtungsgäste aufgeführt und vom Portier eingetragen. Ich lese, dass sie aus Athen, Rom, Hamburg, Paris, London und Kairo kamen. Die Reisen, die sie vorhatten, mussten Monate gedauert haben, weil die Eisenbahnstrecke erst 1908 eröffnet wurde. Also kamen sie wohl mit Pferd und Wagen, wenn sie reich waren, andernfalls auf Schusters Rappen.

Es scheinen ständig Menschen aus der ganzen Welt durch dieses Tal gekommen zu sein.

Die Vormittage in dem mittelalterlichen Ort auf tausend Metern Höhe sind kühl und windig. Schlappe, erfrorene Kohlblätter in von Raureif überzogenen Gärten unter schneebedeckten Alpengipfeln. Es fühlt sich sehr schön an, es den italienischen Schienenlegern, die vor hundert Jahren die Bahnstrecke über den Berninapass legten, gleich zu tun: sich im Dorfrestaurant mit dem vielsagenden Namen *Motrice* («Lokomotive») aufzuwärmen. Hier drinnen wird eine andere Spezialität der Gegend aufgetischt, *Pizzoccheri*, die mit der Eisenbahn aus dem Süden kamen. Ehe die Gleise durch das Tal gezogen wurden, gab es hier niemanden, der dieses volkstümliche Gericht mit Pasta aus Buchweizen kochte. Doch als es galt, die Schienenleger satt zu machen, war es das, was sie wollten. Seither ist das Gericht, ein Hybrid zwischen der bergigen Schweiz und dem sonnigen Italien, ein Teil der lokalen Küche.

Es wird auf Porzellan serviert, auf dessen Rand ein gelber Waggon aus den 1920er-Jahren aufgemalt ist. Eine Hommage an den Ursprung. Das hier war wahrscheinlich das Lieblingsgericht der Schienenleger.

Der Nachmittagszug nach Sankt Moritz erklimmt die Berghänge. Zwanzig Minuten und 500 Höhenmeter nach Poschiavo fahren wir wieder in die weiße Winterlandschaft und ein sprachliches Mosaik hinein. Eine Zeitlang ertönen die Durchsagen auf den Bahnhöfen erst auf Italienisch, dann auf Deutsch. Doch nach dem Lago Bianco ist es umgekehrt, was widerspiegelt, wie groß die jeweilige Sprachgruppe in der Region ist, durch die wir fahren, und was zeigt, dass kein Tal dem anderen gleicht, weder kulturell noch sprachlich.

Die Schweiz hat zu fast allen Zeiten reiche Europäer angelockt. Doch das Land war auch das erste in Europa, das zu einem Ziel für den allgemeinen Mittelklasse-Tourismus wurde.

Alles begann damit, dass der englische Baptist und Anti-Alkoholiker Thomas Cook eine Pauschalreise für Guttempler aus Leicester zu einem Anti-Alkoholiker-Treffen in der Nachbarstadt arrangierte. Danach fuhr er fort, Pauschalreisen mit dem Zug nach Schottland, Wales und in den Lake District zu organisieren. Am beliebtesten wurden wohl seine Bahnreisen zur Weltausstellung in London – oder *The great exhibition of works of industry of all nations*, wie der offizielle prahlerische Name lautete –, die den gesamten Sommer und Herbst 1851 im Crystal Palace im Hyde Park stattfand. Danach verlegte sich Cook auf die Organisation von internationalen Bahnreisen nach Paris, Belgien und ins Rheintal.

Die Preise waren niedrig, damit sich mehr Menschen die Reisen leisten konnten – frei nach dem Motto «Reisen Zweiter Klasse zu Preisen Dritter Klasse». Bis zur Jungfernfahrt in die Schweiz hatte Cook Hunderttausende Reisen verkauft (vor allem zum Crystal Palace), und in einem Leitartikel in *The Times* empörte man sich über die *excursion mania*, welche die Briten heimgesucht hatte.

Thomas Cook war nicht der Erste, der Auslandsreisen verkaufte, aber mit seinen niedrigen Preisen war er doch der Erste, der sie für die neue Mittelschicht aus

Beamten, Ingenieuren, Ärzten und Juristen erschwinglich machte, die sich mit der wachsenden Industrialisierung vervielfacht hatte. Dank der Eisenbahn konnte man sich binnen zwei Tagen an einen entlegenen Ort wie die Schweiz begeben, was sonst zwei Wochen in Anspruch genommen hätte. Und das auch noch zu einem Preis, den mehr Menschen entrichten konnten als nur die alte Oberschicht mit ihrem geerbten Geld. Sie hatte schon lange die Tradition gepflegt, ausgedehnte Bildungsreisen mit Segelschiff und Pferd und Wagen durch Europa und manchmal auch bis Kairo und Jerusalem zu unternehmen – Reisen, die viele Monate, ja manchmal sogar Jahre dauerten. Cooks billige Rundreisen mit der Bahn waren ganz einfach der Beginn des Massentourismus, den wir heute erleben.

Eine der ungefähr 130 Teilnehmer an der allerersten Bahncharterreise in die Schweiz war die 31-jährige Jemima Morrell aus Yorkshire. Im Juni 1863 begab sie sich zusammen mit der Gruppe auf die Jungfernfahrt der Bahn von Londons Waterloo Station zum Hafen in Newhaven, dann mit der Fähre über den Ärmelkanal nach Dieppe, dann mit dem Zug durch Frankreich und danach mit einer Kombination aus Booten über die Alpenseen, Zug durch die Täler und Pferd und Wagen über die Berge, da die Bergeisenbahnen der Schweiz ja noch nicht gebaut waren.

Mit Hilfe von Jemimas Tagebuch hat der Lonely Planet-Autor Diccon Bewes die historische Reise in dem

Buch *Immer schön langsam* schildern können: «Welche besondere Sache der alljährliche Urlaub geworden ist. Alle sind nach Schottland gereist, einige von uns haben Land's End besucht, wenngleich Irland nicht allen passt, die Weltausstellung in London sind wir leid, Scarbro' [Scarborough, Stadt an der englischen Ostküste] ist mehr was für Invaliden und Kinder, Lake District haben wir vor mehreren Jahren schon gemacht und Fleetwood [Stadt an der Westküste] ist noch schlimmer als Scarbro' – wohin also sollen wir als nächstes reisen?»

Etwas später, als sie und ihre Reisefreunde durch die Alpentäler rauschten, stellte sie fest: «Die Schweizer verstehen sich ohne Frage aufs Bahnreisen mit Komfort. Die Waggons der breitspurigen Eisenbahn sind nicht in Abteile aufgeteilt, sondern bestehen aus großen, gepolsterten Salons mit Mittelgang. Wer diese Waggons geschaffen hat, der hat mit Platz nicht gegeizt … das führt dazu, dass Besucher schnell durch ihr geliebtes Land reisen können … von Bahnhof zu Bahnhof … und alles in sehr würdigen Umständen.»

Die schweizerischen Bahnen bedeuteten eine Revolution, die Europa so zusammenrücken ließ, dass eine zwei Wochen lange Auslandsreise mit einem Mal möglich wurde. Immer noch zählen die Züge dieses Landes, zusammen mit denen in Japan, zu den besten der Welt: sie funktionieren am besten und sind am pünktlichsten. Dieter Dubkowitsch, den ich an Bord meines Zuges zwischen Chur und Alp Grüm kennenlerne, beteuer, dass die Schweizer wirklich stolz auf ihre Bahnen sind.

«Sie sind stolz, weil ihr öffentliches Nahverkehrssystem so gut funktioniert, weil Busse, Schiffe und Züge aufeinander abgestimmt sind. Deshalb fahren die Schweizer wirklich gern öffentlich», erklärt Dieter, der bei der Rhätischen Bahn arbeitet, aber ursprünglich aus Österreich stammt und dadurch vergleichen kann, wie die Bahnen hier im Gegensatz zum übrigen Europa funktionieren.

Für einen Schweden, einen Briten oder einen Deutschen, seit Jahrzehnten gewohnt, über ausgefallene oder verspätete Züge zu klagen, klingt das wie ein Traum. Wie kann der Schweiz das gelingen, wenn so viele andere Länder große Schwierigkeiten haben, die Züge rechtzeitig ans Ziel zu bringen?

Unter der Bevölkerung herrscht die einhellige Meinung, dass Zugfahren etwas Gutes ist und die Politiker darauf setzen sollten. Zu Beginn des 20. Jahrhunderts beschlossen die Schweizer in einer Volksabstimmung, einen großen Teil des Lastwagen- und Autoverkehrs auf die Schiene umzuleiten. Es wurden hohe Abgaben für Sattelschlepper mit mehr als dreieinhalb Tonnen Last eingeführt, die auf den Straßen des Alpenlandes fahren wollten. Und das Geld, das man dadurch eingenommen hat, wurde investiert, um die Eisenbahnen in Toppzustand zu halten und weitere Projekte zu finanzieren, wie zum Beispiel den neuen 57,1 Kilometer langen Tunnel unter dem Gotthardpass, den längsten der Welt, der 2016 fertiggestellt wurde und fast einhundert Milliarden Kronen kostete. In den Schulen des Landes gibt es außerdem besondere Kurse im Eisenbahnwissen, in denen Schüler etwa lernen können, welche Strafen das Beschmieren der Züge und Vandalismus nach sich ziehen und dass man die Füße nicht auf den gegenüberliegenden Sitz legen soll. Doppelte Gleise sind eine weitere Erklärung für den Erfolg der Bahn, dazu die Tatsache, dass die verschiedenen Bahnunternehmen von oben gesteuert und effektiv koordiniert werden. Dann spielt natürlich die schweizerische Tradition eine große Rolle, Mechanik und Maschinen herzustellen und zu warten. Das merkt man überall in der Schweizer Gesellschaft, nicht zuletzt bei den Uhren und den Zügen, aber auch wenn es um Fahrstühle und Industriemaschinen geht, bei denen die Schweiz ein Marktführer ist.

Die Effektivität der Bahnen spiegelt diese Tradition der Präzision, Qualität und Effektivität wider. Aber damit das Land solch ein Bahnparadies bleiben kann, muss man Geld investieren. Viel Geld. Die Schweiz investiert mehr Steuergelder pro Schienenkilometer als alle anderen Länder, um das System so gut in Schuss zu halten.

Doch alles begann, wie gesagt, mit den Touristen Mitte des 19. Jahrhunderts. Wie Diccon Bewes in seinem Buch feststellt: «Kein Tourismus, keine Züge – aber auch: Keine Züge, kein Tourismus (zumindest nicht in großem Stil).» Der Tourismus und die Bahn standen von Anfang an in symbiotischer Beziehung.

In Zürich, wo ich umsteige, um nach Chur zu kommen, versammelten sich in den Jahren vor dem Ersten Weltkrieg viele europäische Intellektuelle. Künstlerseelen wie Kandinsky, Paul Klee, Sophie Tauber-Arp und Max Ernst, Dichter und Schriftsteller wie Tristan Tzara und James Joyce und politische Flüchtlinge wie Benito Mussolini (!) und Stefan Zweig. Und dazu ein wütender, hingebungsvoller und zielstrebiger Russe namens Wladimir Iljitsch Uljanow, besser bekannt als Lenin.

Lenin befand sich in einem Café in Zürich oder vielleicht auch in der benachbarten Bibliothek, als ihn im März 1917 die Nachricht aus dem heimatlichen Russland erreichte, dass der Zar gestürzt und eine provisorische Regierung mit Liberalen und Sozialisten eingesetzt worden sei. Schnell beschloss er, dass es nun höchste Zeit sei, nach Hause nach Petrograd zu reisen, wie Sankt Petersburg damals hieß. Lenin erhielt die Erlaubnis von der Regierung in Berlin, in einem «verplombten Eisenbahnwaggon» durch das kriegführende Deutschland zu fahren, was hieß, dass zwei deutsche Soldaten auf ihn aufpassten, damit er auf der Fahrt mit niemandem Kontakt aufnehmen konnte. Angeblich soll dies eine Forderung von Lenin selbst gewesen sein, damit er bei der Ankunft in seinem Heimatland nicht Gefahr lief, für einen deutschen Agenten gehalten zu werden. Für die Deutschen, die mit dem zaristischen Russland im Krieg lagen, war er der Aufrührer Lenin, der die Macht an sich reißen und den Krieg beenden wollte. Eine willkommene Salve, die sie direkt ins Feindesland abfeuerten.

Um die dreißig russische Emigranten inklusive Lenins und seiner Frau Nadeschda Konstantinowa Krupskaja bestiegen, gut versorgt mit Proviant für die lange Reise, am dem Züricher Hauptbahnhof den Regionalzug. Doch an der Grenze nach Deutschland beschlagnahmten die Schweizer Zollbeamten all ihren Käse, die Würste und die hartgekochten Eier mit der Erklärung, dass es kriegsbedingte Beschränkungen für die Ausführung von Lebensmitteln aus dem Land gebe.

Die Deutschen investierten große Ressourcen in die Überwachung des verschlossenen Waggons mit drei Zweiter-Klasse-Abteilen und fünf Dritter-Klasse-Abteilen voller hungriger Russen, die gen Norden durch ihr Land fuhren. Die klassenlose Gesellschaft, die am Horizont aufschien, existierte an Bord des Zuges allerdings noch nicht. Lenin und die Krupskaja durften in einem der Zweiter-Klasse-Abteile sitzen, Frauen und Familien mit Kindern in dem anderen. Die restliche Gruppe musste sich in der Holzklasse drängen und verqualmte Luft ertragen. Ganz hinten im Waggon saßen die deutschen Wachen, und «um die Illusion aufrechtzuerhalten, dass die Russen keinen Kontakt mit dem Feind aufnehmen dürften, war zwischen ihrem Platz und dem Rest des Waggons ein Kreidestrich auf den Boden gemalt worden», wie es die britische Historikerin

Catherine Merridale in *Lenins Zug. Die Reise in die Revolution* schreibt.

Lenin war an der Aussicht nicht sonderlich interessiert. Er war vollauf damit beschäftigt, seinen Lektüren nachzugehen und Strategien zu formulieren, wie er die Klassenverräter unter den Menschewiken, also den russischen Sozialdemokraten, die der Revolution den Parlamentarismus vorzogen, herausfordern könnte. Wenn er die russischen Zeitungen las, wurde er oft rot im Gesicht vor Zorn und rief «Verräter!» und «Oh, dieses Schwein!» Als seine Landsleute im Abteil nebenan Bier tranken, brüllten, laut lachten und die Marseillaise sangen, wurde Lenin wütend. Er tolerierte keine Störungen irgendeiner Art und schimpfte und donnerte an die Abteilwand.

In der ersten Nacht auf der Reise, die sie im deutschen Singen verbrachten, formulierte Lenin seine berühmten «Zugvorschriften». Zu Anfang, meinte er, wäre es vor allem wichtig, zu bestimmten Zeiten zu schlafen. Für einen Bolschewiken sei der Schlaf nichts Freiwilliges, sondern eine Pflicht. Außerdem verbot Lenin das Rauchen im Zug. Weil niemand den verplombten Waggon verlassen durfte, rauchte man auf den Toiletten, was diejenigen verärgerte, die aufs Klo mussten. Lenin löste das Problem, indem er den Rauchern «Zweiter-Klasse-Billets» gab, während die Toilettengänger «Erster-Klasse-Billets» bekamen, was ihnen das Recht einräumte, an der Schlange vorbeizugehen.

Nach einem Halt in Berlin rollte der Zug weiter nach Rügen, sodass die Reisenden an Bord des Dampfschiffes *Drottning Victoria* von Sassnitz nach Trelleborg gehen konnten.

Nach mehreren Tagen an Bord wurden die Russen von Freunden in Trelleborg empfangen, unter anderem von dem polnischen Bolschewiken Jakob Fürstenberg, der im Hotel Savoy, direkt gegenüber dem Hauptbahnhof in Malmö, ein Abend-Buffet bestellt hatte. Es dauerte weniger als fünfzehn Minuten, die aufgetischten Mengen an Lachs, Roggenbrot, Schinken, geräuchertem Elchfleisch mit Waldbeeren, eingelegten Gurken, Zander, Käse, Sahne und reichlich schwarz glänzendem und korallenroten Kaviar zu verschlingen. Ich kenne dieses Gefühl sehr gut: sich nach einigen hungrigen, harten und verschwitzten Tagen an Bord eines Zuges satt essen zu dürfen. Natürlich habe ich keine Ahnung, wie es ist, auf dem Weg zu einer Revolution zu sein, aber schon eher, wie man sich auf dem Weg in die griechische Inselwelt mit einem Fünfzig-Stunden-Zug von Prag nach Athen über Belgrad ohne jede Verpflegung an Bord fühlt.

Auf Lenin wartete nach dem Festmahl dann der Nachtzug nach Stockholm. Es war eine von der Reise erschöpfte und staubige Gruppe Revolutionäre, die auf der Vasagatan in Stockholm ins Tageslicht hinaus kletterte. Sie erregte wahrscheinlich dieselbe Aufmerksamkeit wie die schmutzigen Jugendlichen mit Rucksäcken und verfilztem Haar, die sechzig Jahre später auf Europas Bahnhöfen gesichtet wurden. Als die Russen später im Hotel Regina zu Mittag essen sollten, wollte das Personal sie erst nicht reinlassen, so abgerissen sahen sie aus. Vielleicht hat sich Lenin deshalb später ins Kaufhaus PUB am Hötorget begeben, um einen neuen Anzug zu kaufen, den er dann bis in das Jahr 1918 hinein, also bis nach der Oktoberrevolution, bei jedem öffentlichen Anlass zu tragen pflegte.

Als er am selben Abend den Zug um 18.37 Uhr nach Norrland nahm, flatterten rote Fahnen von der Dampflok, während der Heizer anfeuerte, und es wurde die «Internationale» gespielt. Dann fuhren die Russen nach Norden über Bräcke und Boden nach Haparanda. Die Bahnreise ging dann weiter durch Finnland, bis die Gesellschaft am 16. April am Finnischen Bahnhof in Petrograd ankam, wo Lenin für diejenigen, die gekommen waren, um ihn zu begrüßen, eine Rede hielt. Und dann wurde es Oktober und es gab eine neue Revolution – und der Rest ist Geschichte.

Doch ich folge Lenin nicht nach Norden, sondern nehme stattdessen von Zürich aus den Zug in den Süden. Das tat auch die kulturelle und intellektuelle Elite während der Wintermonate in diesen Jahren, als die Maschinengewehre über den Schützengräben an der Westfront ratterten. Lange hatten sie in den Zürcher Kaffeehäusern wie dem Cabaret Voltaire, dem Odeon und dem Café de la Terrasse herumgehangen und sowohl pazifistische Aufrufe, die Geburt des Dadaismus und die Erneuerung der Kunst wie auch unzusammenhängende trunkene Reden verfolgt. Doch einige von ihnen waren von Schüttelfrost heimgesucht worden und husteten Blut, sie hatten sich während der TBC-Epidemie, die in Zürich wütete, angesteckt. Wer es sich leisten konnte, nahm deshalb den Zug entlang des glitzernden Zürichsees und der steilen Kuhwiesen nach Landquart und stieg dort in die Schmalspurbahn um, die sich in die Berge bis nach Davos Platz hinaufwand. Von dort aus brachte eine Bergbahn die Kranken weiter steil hinauf zu den Erholungsheimen, die eine Linderung der Krankheitssymptome oder im besten Fall eine Heilung versprachen.

Auch ich reise auf dieser Strecke mit dem Intercity von Zürich. Als ich die Rhätische Bahn in Landquart wiedersehe, bin ich von der kribbelnden Vorfreude auf herrliche Aussichten und weltabgewandte Abgeschiedenheit erfüllt. So verlasse ich die Ebene mit all ihren lächerlichen Problemen. Der Zug setzt sich den Berg hinauf in Fahrt, und es quietscht, knarrt und heult in den Kurven zwischen Zirbelkiefern und den abgrundtiefen Tälern. Fette, grasende, rotbraune Kühe. Rauschende Bäche. Cuprinolbraune Schuppen und Speicher. So ästhetisch perfekt, dass ich das Gefühl habe, auf die Größe eines Zinnsoldaten geschrumpft und in eine von einem hingebungsvollen Eisenbahn-Nerd geschaffene Fanta-

siewelt mit grünem Nadelfilzteppich und Modelleisen-
bahn gestellt worden zu sein.

Die Gleise verlaufen auf hohen, gewölbten Steinbrücken über tiefe Schluchten, verästeln sich hierhin
und dorthin und winden sich in weiten Verschlingun-
gen, sodass ich manchmal sehe, wie sich der entgegen-
kommende Zug auf einem Stück Schiene weit unten im
Tal schlängelt und in einen Tunnel unter den Gleisen
eintaucht, auf denen eben noch mein Zug fuhr. Unten
kommt eine Skifahrerin auf einem schmalen Strang
körnigem Firnschnee, wie er für die Frühjahrsmonate
typisch ist, aus dem Lärchenwald und gleitet neben dem
Zug auf ihrem Weg zum Bahnhof von Klosters Dorf
her, wo wir kurz anhalten für alle, die auf die Seilbahn
umsteigen wollen.

Das erste Stück der Schmalspur-Bergbahn wurde bereits
1888 eingeweiht und führte nach Davos hinauf, das seither in der Kranken- wie auch in der Literaturgeschichte
eine wichtige Rolle gespielt hat. Und, muss man hinzu-
fügen, seit 1971 auch in der Zeitgeschichte der globalen
Eliten. Jedes Jahr kommen die politischen und wirt-
schaftlichen Führer der Welt hierher zum World Eco-
nomic Forum. Leider reisen sie zumeist im Privatjet
an und nicht mit dem Zug. Doch die Klimaaktivistin
Greta Thunberg, die das Spitzen-Treffen im Januar 2019
besuchte, nahm den Zug, ebenso wie die Kulturelite, die
in den ersten Jahrzehnten des 20. Jahrhunderts hierher

reiste. Das Ziel für viele war kein Kongresszentrum, sondern Schatzalp, Europas luxuriösestes Sanatorium. Eigene Bergbahn vom Dorf hinauf, Fußbodenheizung, beheizte Toilettensitze, Fahrstuhl und Elektrizität in allen Zimmern. An den Bequemlichkeiten wurde nicht gespart, denn man wollte die verwöhnteste Klientel der europäischen Bourgeoisie hierher locken. An einem Märztag komme ich hierher, als alle Sanatorien schon lange geschlossen und in Hotels umgewandelt sind.

«Thomas Mann nennt das Hotel mehrfach im ‹Zauberberg›», erklärt Paulo Bernardo stolz, als wir in der X-Ray-Bar des Hotels sitzen, vor den aufdringlich blutroten Wänden, die daran erinnern, wie es in einem weißen Baumwolltaschentuch aussah, wenn ein Tuberkulosekranker hineingehustet hatte.

Paulo arbeitet nicht nur hier, sondern wohnt auch seit einigen Jahren wieder in dem Hotel, dessen einzige Verbindung zum Rest der Welt eine Schlittenbahn und die mehr als 120 Jahre alte Bergbahn ist.

Wie es da oben auf dem weglosen Berg vom übrigen Dorf entfernt liegt, wirkt das betagte Hotel wie eine abgeschlossene Welt. Ich muss an das Grand Budapest Hotel in Wes Andersons gleichnamigem Film denken.

«Die Bergbahn hier hoch braucht vier Minuten», sagt Paulo. «Das ist die Zeit, die man benötigt, um sich von einer Welt in die andere zu begeben.»

«Der Zauberberg», der tausend Seiten dick ist und als gebundenes Buch ein Kilo wiegt, beginnt, als wäre es eine klassische Reisebeschreibung: «Von Hamburg bis dort hinauf, das ist aber eine weite Reise; zu weit eigentlich im Verhältnis zu einem so kurzen Aufenthalt. Es geht durch mehrerer Herren Länder, bergauf und bergab, von der süddeutschen Hochebene hinunter zum Gestade des Schwäbischen Meeres und zu Schiff über seine springenden Wellen hin, dahin über Schlünde, die früher für unergründlich galten.»

Sieben Winter verbrachte Robert Louis Stevenson, der Autor von «Die Schatzinsel» und «Dr. Jekyll und Mr. Hyde», in Davos, und 1895 kam Arthur Conan Doyle, der Erfinder von Sherlock Holmes, zusammen mit seiner lungenkranken Frau Louise Hawkins, die sich später tothustete. 1912 dann reiste die lungenkranke Katia Mann mit ihrem Gatten Thomas im Schlepptau an. Sie zog ins Waldsanatorium, während er, der gesund war, sich in der Pension nebenan einmieten musste.

«Katia kam viele Jahre später, in den 60er Jahren, mit der Bahn noch einmal hierher und bat darum, zusammen mit einem Arzt die alten Röntgenbilder ihrer Lungen ansehen zu dürfen. Und was meinen Sie, hat der Doktor gesehen? Nun, er konnte feststellen, dass Katia Mann niemals Tuberkulose gehabt hatte», erzählt Maria Coli, die Direktorin des Waldhotels, des Vorbilds für das Sanatorium «Berghof» in Manns Roman.

Das ist natürlich Ironie des Schicksals, weil Katias vermeintliche Krankheit überhaupt der Anlass dafür war, dass sie mit ihrem Mann nach Davos fuhr, der hier den vielleicht wichtigsten Roman der deutschen Literatur des 20. Jahrhunderts schrieb. Ohne die falsche Diagnose kein Zauberberg.

Ich fahre Ski vom Gipfel Wissfluh hinunter nach Klosters Platz im Tal. Allein auf dem Hügel sause ich im Zickzack hinunter. Die steil abfallende Alpenlandschaft wird immer schneeärmer und lehmiger, je weiter ich nach unten komme. Als ich mich nach einer halben Stunde auf Skiern dem Grund des Tales nähere, schlägt mir warme Luft und der Geruch von Tannennadeln und Dünger entgegen. Die vom Eis befreiten Bäche rauschen auf beiden Seiten der Schneebahn immer lebendiger. Schon höre ich eine Lok pfeifen und sehe den Regionalzug der Rhätischen Bahn, der auf den Gleisen angefahren kommt, die plötzlich parallel zur Piste verlaufen. Einen kurzen Moment lang fahren der Zug, der gleich am Bahnhof halten wird, und ich mit demselben Tempo. Ich hebe die Hand und winke einem Mann an Bord der Bahn zu, der in seiner jagdgrauen Wolljacke und dem schwarzen Filzhut mit Ohrenklappen so aussieht, wie ich mir Thomas Mann vorstelle, als er vor 106 Jahren auf dem Weg war, um Katia im Berghof zu besuchen. Der Mann im Zug winkt zurück.

Die Begegnung im Abteil

Obwohl es erst vier Uhr morgens ist, als ich vor dem Bahnhof in Nashik aus dem Taxi steige, herrscht fieberhafte Aktivität. Die schwarz-gelben, dreirädrigen Autorikschas wuseln sich surrend wie wütende Bienen durch das Gedränge von Reisenden und Gepäck voran. Die Gepäckträger in ihren roten Hemden schreiten mit Stapeln von Koffern auf dem Kopf daher. In der Fahrkartenhalle schlafen Hunderte von Reisenden in braune Wolldecken und bunte Baumwollstoffe gewickelt auf dem glatten Steinfußboden. Doch noch mehr Menschen sind wach, stehen und hängen herum, trinken süßen Chai und Kaffee aus Pappbechern, auf denen «Indian Railways» steht, und betrachten die digitalen Informationswände.

Denn bald wird ein Zug losfahren und danach ein anderer ankommen, und dann ein dritter und ein vierter. Der Howrah-Mumbai Superfast Express, Punjab Mail, Howrah Mail, Hutatma Express, Gitanjali Express. Ich muss denken, dass ein Land, in dem alle Züge einen eigenen Namen haben und nicht nur eine Nummer, seine Eisenbahn wirklich ernst zu nehmen scheint.

Herrenlose Hunde bellen und heulen auf den leeren Straßen jenseits der Gleisanlagen. Aber drinnen im Bahnhof ist der Lärm gedämpft. Ein schwaches Murmeln von verschlafenen Reisenden. Ein weißer Neonschein von den herumfahrenden Wagen, aus denen Obst, Wasser und Kekse verkauft werden. Ein Gefühl der Anspannung, Konzentration und der Erwartung. Doch nichts von dem, was man mit nächtlichen Bahnhöfen in Europa verbindet, ist hier zu finden. Keine betrunkenen Nachtschwärmer oder kriminelle Jugendbanden. Hier sind alle unterwegs, folgen einer Richtung und haben ein Ziel.

Teeverkäufer gehen herum und rufen Botschaften mit leiser und gedämpfter Stimme, die aber vibriert und deshalb alle anderen Laute übertönt. Sikhs mit blauen Turbanen neben Frauen in farbenfrohen, bodenlangen Saris, muslimische, in schwarzes Tuch gehüllte Frauen neben Mädchen aus Mumbai mit nackten Schultern und kurzen Röcken, gebeugte Alte, Babys, christliche Nonnen mit Kopftuch, bärtige hinduistische heilige Männer. Einer der Männer mit grauem Bart schläft, neben ihm liegen ein Wanderstab und eine grüne Chili (ich überlege lange, welche Funktion die Chili wohl hat … soll sie vielleicht die bösen Geister fern halten?)

Wenn ein Zug eintrifft, werden Stille und Ruhe durchbrochen. Menschen fangen an, sich über die Bahnsteige zu bewegen, und die gellenden, kratzigen Lautsprecherdurchsagen künden von der Ankunft des Zuges. Wenn ich ein indischer Rapper wäre, würde ich einen Song über lange Bahnreisen schreiben, die nie ein Ende zu nehmen scheinen, und dafür die Laute dunkler, männlicher Chaiverkäufer-Stimmen und heller weiblicher Lautsprecherdurchsagen sampeln. Da kommt der erste Zug. Eine schmutzige rote Elektrolok, die laut signalisiert, dass sie sich nähert, um Katzen und Hunde zu vertreiben, die im Kies zwischen Schienen und Schwellen nach etwas Essbarem suchen. Die Lok wirkt urkräftig, aber müde, wie ein Ultramarathonläufer, der die ganze Nacht gelaufen ist und endlich am Ziel ankommt. Sie kommt von Bahnhöfen mehrere Tausend Kilometer entfernt, ist durch Wälder und über Bergzüge gefahren und hat die ganze Zeit 26 Waggons hinter sich hergezogen. Eine andere kommt aus Kolkata, 1900 Kilometer östlich, wieder eine andere aus Dehradun, 1200 Kilometer nördlich, und dann eine aus Chennai, 1400 Kilometer im Süden.

Endlich kommt mein Zug! Der Mangala Lakshadweep Express, der seine Reise vor über 30 Stunden in Delhi begann und in weiteren neunzehn Stunden seinen Zielbahnhof Kochi erreichen wird. Doch ich werde in nur dreizehn Stunden bereits in Thivim in Goa aussteigen. Die Waggons in allen Ehren, aber die Lok ist die Heldin der Zugreisenden. Auch wenn ich ungeduldig und rastlos war, endlich loszukommen – der Zug hat zwei Stunden Verspätung –, verzeihe ich ihm, da er nun endlich hier ist. Wenn der Zug von Stockholm nach Västerås, mit dem ich zwanzigmal im Jahr fahre, ebenso verspätet wäre, was schon vorgekommen ist, dann bin ich viel verärgerter. Doch dieser Zug hier ist immerhin 1500 Kilometer gefahren und hat an dreizehn Bahnhöfen angehalten (und wird noch 1700 Kilometer fahren, ehe er seinen Endbahnhof erreicht). Da fühlt es sich kleinlich an, über zwei Stunden mehr oder weniger zu diskutieren.

Ich werde im Wagen A1 sitzen. Ein Display an der Wand verkündet, dass es der fünfte Wagen nach der Lok ist. Andere digitale Informationstafeln zeigen, wo ich am Bahnsteig stehen muss, um direkt in meinen Wagen zu kommen. Das ist wichtig, weil der Zug so lang ist und an diesem Bahnhof nur fünf Minuten hält. Würde ich mich auf der Höhe des 27. Wagens befinden, fast einen halben Kilometer entfernt, dann hätte ich keine Chance.

Ich lege mich auf meiner Pritsche zurecht und ziehe die weinroten Vorhänge zum Gang zu. Denn auch wenn ich mit diesem Zug tagsüber fahren werde, ist es doch ein Nachtzug, oder besser gesagt: ein Drei-Nächte-Zug. Ich bekomme Kissen, Laken und Wolldecke. Auf der Höhe der Pritsche gibt es ein rechteckiges Fenster mit getönter Scheibe, sodass ich mit dem Kopf auf dem frisch gewaschenen Kissenbezug liegen und auf eine rote Sonne schauen kann, die über den Teak- und Akazienbäumen der Western Ghats, der Bergkette vor der indischen Westküste, aufgeht. Ein dreizehnstündiger Flug mit der Möglichkeit, auf einem gemachten Bett zu liegen, würde mich mindestens hunderttausend Kronen kosten. Auf dem Mangala Lakshadweep Express wird es nicht einmal Erste Klasse genannt, sondern *AC Class 2 Tier*, mit einem Ticketpreis von ungefähr 200 Kronen. Das Essen allerdings ist nicht inbegriffen, so wie es im Flugzeug in der Ersten Klasse der Fall ist. Doch für wenig Geld bekommt man ein reichhaltiges Menü. Wer Kalorien zählt, sollte nicht mit indischen Zügen reisen. Ab dem Einstieg wandert ständig das Personal der Indian Railways den Gang auf und ab und bietet lauthals seine Auswahl an Getränken, *wada pau* (Kartoffelklöße in Weizenbrot), Omelett, Eis, Tomatensuppe und *biryani* mit Ei oder Hühnchen an. Alles fünfzehn Wagen weiter im Küchenwaggon zubereitet.

Zum Frühstück kaufe ich Tee mit Milch und ein sättigendes *wada pau*. Zum Mittagessen ein *biryani*. Dazwischen viele Tassen sehr süßen Kaffees. Als ich die Kosten für Essen und Trinken zusammenrechne, komme ich auf insgesamt vierzehn Kronen.

Das Pendant zum Taxfree-Verkauf im Flugzeug gibt es auch. Es ist nicht steuerfrei, und natürlich werden weder Alkohol noch Tabak verkauft (beide Substanzen sind in den Zügen, auf den Bahnsteigen und in den

Bahnhöfen der Indian Railways strikt verboten). Zwischen den Essensrunden werden stattdessen Ohrringe, Armbänder und Handy-Zubehör verkauft.

In indischen Zügen, die mehrere Tage lang fahren, macht man leicht die Bekanntschaft seiner Mitreisenden. Die Begegnung im Abteil hat ihre Wurzeln in Europas alten Pferdekutschen. In denen konnte man sich, genau wie heute in den Zügen, dafür entscheiden, sich mit den Mitreisenden zu unterhalten oder entspannt und zurückgelehnt Wälder und Felder zu betrachten und die Gedanken wandern zu lassen.

Das Interesse für die Mitmenschen stieg, als die Macht der Kirche durch die Wissenschaft herausgefordert wurde. Es lag nämlich im Interesse des Bürgertums zu kommunizieren – und nicht nur zu kaufen und zu verkaufen, sondern auch die Neugier auf die Welt zu stillen, die nicht mehr so streng kontrolliert war wie ehedem. Während des 18. Jahrhunderts wurde in Europa eine Infrastruktur für kontinentale Langstreckenreisen geschaffen, mit Wirtshäusern und Pferdewechseln, wo die Passagiere essen und schlafen konnten, während die Pferde ausruhten oder gegen neue, frische ausgetauscht wurden. Da war vieles neu: der reguläre Verkehr, der nach einem Fahrplan verlief, die Organisation, die Schnelligkeit und nicht zuletzt die kollektive Form des Reisens, also dass man mit unbekannten Menschen zusammen reiste und so verlockt wurde, zu diesen persönlichen Kontakt zu entwickeln, anders als es die Sitten in der Gesellschaft ansonsten erlaubten.

In der Pferdekutsche saßen die Passagiere einander zugewandt, was eine offene Einladung zur Konversation war. Die Gespräche zwischen den Reisenden nahmen zu und dauerten oft lang. Es war, als würde die Bewegung von einem Ort zum anderen den Menschen dazu bringen, sein Herz auszuschütten. Das Unterwegssein wurde eine Voraussetzung für den Modus des Erzählens. Wenn die Reisenden ihren Zielort erreichten, bedauerten sie, dass die Reise nicht länger dauerte, weil man neue Freunde gefunden und es so nett gehabt hatte. Auf der einen Seite wollte man, dass die Reise schneller vorüber ging, doch auf der anderen Seite wünschte man, sie würde nie enden, damit man das Gespräch mit seinen neuen Freunden weiterführen könnte.

Gespräche in Zugabteilen mit Fremden haben die Angewohnheit, persönlich zu werden. Vor allem, wenn die Reise lang ist und sich die Reisenden in sicherem Abstand vom Alltag zu Hause befinden. Ich glaube, die Freiheit in diesen Gesprächen rührt daher, dass man erkennt, dass man sich wahrscheinlich nie wieder begegnen wird. Deshalb kann sich das lockere Gespräch, woher man kommt und wohin man unterwegs ist, ohne Vorwarnung vertiefen und schnell therapeutische Qualitäten annehmen.

Nach einer Woche an der indischen Westküste nehme ich wieder den Zug nach Norden. Punkt 15.45 Uhr gleitet der Goa Express in den Bahnhof Madgaon am äußersten Rand der verschlafenen, kolonialen Marktstadt Margao ein. Allerdings hat er seine Reise auch erst vor einer knappen halben Stunde in der Hafenstadt Vasco da Gama begonnen.

Als die Sonne nach der ersten Nacht im Zug aufgeht, zeigt sich eine Landschaft aus grünen Feldern mit Reis, Senf, Hirse und Mais, breiten Flüssen mit gekräuselter Wasseroberfläche und großen glänzenden Seen, trockenen Ebenen mit Bäumen ohne Blätter, Traktoren, Motorrädern, farbenfrohen hinduistischen Tempeln, grauschwarzen Wasserbüffeln mit weißen Reihern auf dem Rücken, Frauen in roten und grünen Saris, die silberglänzendes Kochgeschirr in einem Bach spülen, Slumhütten aus getrocknetem Gras mit Planen und Kindern, die auf dem Bahndamm hocken und ihre Notdurft verrichten. Wir fahren auch an Feldern vorbei, die mit geraden Reihen von Sonnenkollektoren bedeckt sind, an Hochspannungsleitungen, orangefarbenen Lastwagen voller Stroh, Ochsen, die quietschende Holzkarren ziehen, roten Bussen, aus denen Schulmädchen in Uniform strömen.

Auf diese Weise wird die Bahnreise durch Indien eine Kurzlektion über den Zustand des Landes und die Funktionsweise der Gesellschaft. Binnen nur einer Stunde sehe ich alt und neu, Trockenheit und Grün, Hoffnung und

Verzweiflung, wohlhabende Bauern und arme Gelegenheitsarbeiter, Kinder, die zur Schule gehen und schöne Zukunftsträume zu haben scheinen, und Kinder, die nicht zur Schule gehen und sich hinhocken müssen, wo über tausend Passagiere des Morgenzugs ihnen zuschauen.

Drinnen im Zug herrscht ein funktionierendes Chaos, wie es der amerikanische Indien-Botschafter und Volkswissenschaftler John Kenneth Galbraith ausdrückte. Aber Chaos ist es nur für einen Menschen aus dem Westen, der wie ich die indischen Gepflogenheiten nicht gewohnt ist. Für Europäer oder Nordamerikaner, die Integritätsgrenzen und eine gewisse Distanz um sich herum gewohnt sind, fühlt sich der Liegewagen mit Platz für 84 Passagiere dicht gedrängt an, für empfindliche Seelen womöglich sogar klaustrophobisch. Ich gewöhne mich schnell ein und beginne, die kleinen Abstände zwischen den Menschen an Bord als Normalzustand zu betrachten, als ob es nicht anders sein könnte. Mitten in diesem Rummel aus Reisenden, Verkäufern und Putzleuten herrscht eine sanfte, milde Freundlichkeit und Respekt, die durch geschmeidige Bewegungen und höfliche Worte ihren Ausdruck finden. Man drängt sich ohne Grummeln, schlüpft aneinander vorbei, ohne zusammenzustoßen, bewegt Dinge, die im Weg stehen, ohne zu seufzen oder zu stöhnen.

Das Bettenmachen am Abend geschieht in konzentriertem Schweigen, als wäre es ein choreografierter Tanz. Keine Ermahnungen sind vonnöten. Es ist, als wüssten alle im Abteil ganz genau, wie man binnen vier Minuten und auf vier Quadratmetern – ohne sich gegenseitig die Ellenbogen in die Bäuche zu rammen – das Papierpaket mit Laken, Decke und Kissen herausnimmt und seine Pritsche bezieht, während man gleichzeitig mit der anderen Hand Essen, Wasserflaschen und Handys wegräumt, ohne jemand anderen zu berühren. Nicht einmal die Tatsache, dass sich gleichzeitig die vorbeikommenden Verkäufer mit ihren Plastikschachteln, Aluminiumeimern und Stahltöpfen voller Essen und Getränken durchquetschen, scheinen meine Mitreisenden als störend zu empfinden. Auch die spielenden Kinder, die den Erwachsenen durch die Beine huschen, und die Reisenden, die auf dem Weg zu Waschbecken und Toiletten am Ende des Waggons unterwegs sind, werden nicht zurechtgewiesen.

Die Familie aus Bhopal, mit der ich mir das Abteil teile, richtet die Betten so sorgfältig, dass nicht der kleinste Fetzen vom Laken über die schmale Pritsche hinausragt. Die braunen Papiertüten, in denen die Wäsche gelegen hat, werden ordentlich zusammengefaltet und zwischen den Koffern und der Wand eingeklemmt. Als alles fertig ist, liegen alle acht auf ihren ordentlich bezogenen Pritschen.

Am nächsten Nachmittag, nach vierundzwanzig Stunden des Reisens im selben Abteil, bin ich ruhelos, aber nicht gelangweilt. Und nicht im Entferntesten so steif und frustriert, wie wenn ich in einem Auto, einem

Bus oder einem Flugzeug eingeklemmt gesessen hätte. In dieser Hinsicht erinnert der Zug mehr an ein Schiff. Ich kann ab und zu einen Spaziergang zu den anderen Abteilen unternehmen, anderen Waggons Hallo sagen und sogar auf einen Bahnsteig treten, wenn der Zug seinen zehnminütigen Aufenthalt an einem Bahnhof hat.

In Indien Bahn zu fahren wird oft sehr familiär. Nach einem Tag mit der Bhopal-Familie fühlt es sich an, als hätte ich mich genauso lange in ihrem Wohnzimmer aufgehalten. Denn sie machen ja Dinge, die sie in meiner Vorstellung auch in ihrem Wohnzimmer tun. Machen Hausaufgaben mit dem kleinen Mädchen, schälen Obst, essen ihre Speisen, trinken Kaffee, lesen, telefonieren mit Arbeitskollegen und Verwandten, surfen auf dem Handy, lesen die Tageszeitung, halten Mittagsschlaf. Und ich bin eingeladen, einen Blick in ihr Alltagsleben zu werfen.

Um halb acht Uhr abends am zweiten Tag kommen wir in Bhopal an, und ich verabschiede mich von meinen neuen Freunden. Sie sagen, dass dies für sie die netteste Zugreise seit langem gewesen sei, und drängen sich mit ihrem Gepäck nach draußen. Ich folge auf den Bahnsteig, kaufe Chapati und Curry und knusprige Butterteigpirogen und Erbsen und lauwarme *gulab jamon*, süße, sahnige Kugeln mit Zuckerguss zum Nachtisch als würdigen Abschluss einer langen Zugreise. Jetzt sind es nur noch zehn Stunden bis zum Bahnhof Nizamuddin in New Delhi. Es fühlt sich an, als wären wir schon fast da.

Dann ist es an der Zeit, den Zug nach Westen zur großen indischen Wüste zu nehmen. Ich begebe mich zur New Delhi Railway Station, doch an keinem der großen digitalen Schilder für abgehende Züge finde ich meinen, den 14 659 Delhi-Jaisalmer Express. Wie seltsam, denke ich. Der Zug soll schließlich in einer halben Stunde losfahren, da müsste er jetzt doch eigentlich schon angezeigt sein. Doch die Lautsprecherdurchsagen, die alle mit einem triumphalen, fanfarenartigen Tüddellüt beginnen, sprechen nur von Zügen in andere Städte. Ich halte einen gestressten Reisenden in der Menge an und frage. Um wenigstens irgendwas zu antworten, schlägt er mit verwirrtem Gesichtsausdruck vor: Gleis siebzehn. Ich renne die Treppe zum Übergang über die Gleise hoch und dann runter auf den Bahnsteig. Doch da ist kein einziger indischer Wochenendtourist zu erkennen, der aussieht, als wäre er für ein paar Tage entspannten Sightseeings auf dem Weg in das weit entfernte, mittelalterliche Wüstenfort in der Thar-Wüste, sondern nur barfüßige hinduistische Pilger mit Wanderstäben und klapperndem Kochgeschirr, offensichtlich auf dem Weg zum Tempel in Mathura, der Geburtsstadt Krishnas, und das steht auch in leuchtendem Orange auf der digitalen Informationstafel auf dem Bahnsteig.

Jetzt schaue ich noch einmal ganz gründlich auf das ausgedruckte Papierticket und erkenne, dass mein Wüstenexpress von der fünf Kilometer nördlich gelegenen

Delhi Railway Station abgeht, und das in nur zwanzig Minuten. Es sieht mit anderen Worten nicht gut aus. Ich werde meinen Zug verpassen. Da kann ich wohl nur in den sauren Apfel beißen und auf den nächsten Tag umbuchen.

So etwas kann einem in London, Paris, Barcelona, Mailand oder einer anderen europäischen Großstadt mit mehreren Abgangsbahnhöfen für Fernzüge genauso gut passieren. Es gab unterschiedliche Gründe, warum man sich nicht auf einen gemeinsamen Hauptbahnhof einigen konnte. In London lag es zum Teil daran, dass man die Züge mit den qualmenden Loks nicht in den engsten Vierteln der Stadt haben wollte, und zum Teil, dass die privaten Bahnunternehmen alle ihren eigenen Bahnhof bauen wollten. Deshalb liegen St. Pancras, der von Midland Railways angefahren wird, und Kings Cross, der von Anfang an von einem konkurrierenden Unternehmen angefahren wurde, direkt nebeneinander. Dass Paris ganze sechs Bahnhöfe hat, liegt vor allem daran, dass man anfänglich viel zu kleinteilig plante und immer neu bauen musste, um für alle Züge, die in die Stadt fahren sollten, Platz zu finden.

Doch wenn sie zumindest unterschiedliche Namen haben, so wie in den europäischen Städten, dann ist die Gefahr klein, dass man auf dem falschen Bahnhof landet. Man verwechselt Paddington nicht mit Victoria oder Gare d'Austerlitz mit Gare de Lyon. Mein Problem in der indischen Hauptstadt ist, dass ich zum *New Delhi*

Railway Station gefahren bin und eigentlich zum *Delhi Railway Station* hätten fahren sollen.

Doch ich weigere mich, die Hoffnung aufzugeben. Ich renne auf den Parkplatz auf der Rückseite der Gleise und finde eine Reihe dort geparkter schwarz-gelber Taxis, erkläre einem Fahrer die Situation, der interessiert zuhört und dann ein paar Sekunden lang, die sich wie Minuten anfühlen, schweigend nachdenkt.

«Unmöglich», lautet sein Urteil. «Wir schaffen es nicht in ...» (er sieht auf seine Uhr), «achtzehn Minuten nach Old Delhi.»

«Können sie mich denn nach Sarai Rohilla fahren?» frage ich, weil ich mich von einer Reise mit demselben Zug vor zehn Jahren daran erinnere, dass so die Station in West-Delhi heißt, die der erste Halt des Wüstenexpress auf dem Weg nach Westen ist.

Ich mache ihm ein großzügiges Angebot – tausend Rupien, ungefähr 130 Kronen. Er streckt schnell seine Hand aus.

«It's a deal. Springen Sie rein!»

Wir rauschen in seinem klapprigen Marutitaxi durch den hektischen abendlichen Rushhour-Verkehr von Delhi. Der Zug hat Old Delhi pünktlich um 17.35 Uhr verlassen, das hat der Fahrer in einer App mit Echtzeit-Funktion kontrolliert. Er hat sich inzwischen als Vivek vorgestellt und drückt in jeder Lücke, die er in dem sirupartigen Verkehrsfluss entdeckt, auf das Gaspedal. Drei Minuten, ehe der Zug laut gegoogeltem Fahrplan

Sarai Rohilla verlassen soll, schleudern wir auf den sandigen Parkplatz vor dem Bahnhofsgebäude.

Noch nie hat ein Bahnsteig mit einem stillstehenden Zug sich so ersehnt angefühlt. Man hört nur ein schwaches elektrisches Surren von Stromtrafos und Oberleitungen. Ich vernehme dumpf meinen Herzschlag und die knirschenden Fußtritte, als ich renne. Vivek lotst mich zu meinem Wagen und checkt, dass mein Name auch auf der Buchungsliste steht, die direkt an die Stahlkarosserie des Wagens aufgeklebt ist. Die Lok tönt zum zweiten Mal. Und jetzt zweimal. Tuut-tuut! Zeit, loszufahren, das weiß ich aus Erfahrung. Ein Signal bedeutet, dass es noch ein paar Minuten sind. Zwei Signale, dass es um Sekunden geht. Ich stelle den einen Fuß auf die Treppe, packe die Stange neben der Tür und überlasse Vivek den Tausend-Rupien-Schein.

«Danke», sagt Vivek und sieht stolz aus, als die fünfzehn Wagen anrucken, wir losrollen und immer schneller Fahrt aufnehmen für die Reise in die große indische Wüste.

Die ersten Stunden gehen die Tee- und Kaffeeverkäufer in den Gängen auf und ab und singen ihre Verkaufsgesänge. Zwei kurze Rufe, die mit einem langen, melodischen Ruf mit Tonartwechsel nach oben auf dem letzten I enden. Doch das ist nicht das Einzige, was in Wagen A3 zu hören ist. Zwei Abteile weiter singen zwölf Mädchen laut und deutlich den Bollywoodsong

Laila main laila mit, der aus ihren tragbaren Lautsprechern tönt. Gleichzeitig schaut der Mann neben mir auf seinem Handy einen Film in voller Lautstärke und ohne Kopfhörer. Doch es gibt noch mehr Menschen, die Lärm machen. Kopfhörer sind selten, aber Handys mit Musik oder den Blips von Spielen sind an der Tagesordnung.

Kein Wunder, dass es so wirkt, als würde der Klingelton meines Handys die Lust verlieren, wenn ich nach Indien komme. Ich höre ihn einfach nicht mehr. Dagegen höre ich das Handy-Tüddellüt der Inder, das oft aus bekannten Bollywood-Songs besteht und so laut ist, dass es sich gegen alle störenden Hintergrundgeräusche durchsetzt. Indische Bahnreisende haben das erkannt und deshalb alle Lautstärkeregler auf maximal gestellt. Es würde mich nicht wundern, wenn Handys für den indischen Markt zudem noch mit besonders kraftvollen Lautsprechern und einem Knopf, der «Indian Boost» heißt, versehen würden.

Im Wagen A3 des Wüstenexpress gibt es so viele Laute, unterschiedliche Geräusche, verschiedene Musikstile, unterschiedliche Sprachen, aber – das merke ich nach einer Weile – es sind auf eine behagliche Weise Laute aus ganz Indien.

Durch die indische Wüste reise ich in einer der gewöhnlichsten Klassen des indischen Zugverkehrs. *Air conditioned three tier* oder AC Class 3, wie auf dem Ticket steht.

Das bedeutet Sechsbett-Abteile, die zum Gang hin offen sind, wo es auch noch zwei Liegeplätze in Fahrtrichtung gibt. Glänzende blaue Kunststoffsitze, braun getönte Fensterscheiben. Es ist die Lieblings-Bahnklasse der Mittelschicht.

Ich reise in einem Wagen, der ein einziger langer Schlafraum ist. Die Aussicht, in Frieden gelassen zu werden, ist gering, die Gefahr, sich einsam zu fühlen, minimal, die Chance, jemanden zu finden, mit dem man sich unterhalten kann, mehr als wahrscheinlich. Ich beginne, mit dem Mann neben mir zu sprechen, der sich als Dilip vorstellt. Unsere Konversation folgt einem wohlbekannten Muster. Er spricht über seine Vorstellungen von meinem Land. Danach berichtige ich das, was ich als übertrieben und missverständlich halte. Dann spreche ich von meinen Vorstellungen und Erfahrungen mit seinem Land, die er wiederum aus seiner Perspektive korrigiert. Es ist vielleicht keine philosophisch fortgeschrittene Diskussion, doch sie ist unterhaltsam genug, um eine Stunde oder zwei vergehen zu lassen, während der Zug weiter in die Nacht hinein rumpelt. Und ich lerne garantiert jedes Mal etwas Neues.

Kurz vor der Morgendämmerung erwache ich, als der Wüstenexpress einen längeren Aufenthalt in Jodhpur einlegt, 620 Kilometer von Delhi entfernt. Ich höre leise Stimmen und entfernte Lautsprecherdurchsagen vom Bahnsteig und erinnere mich an frühere Besuche in der

Stadt, in der wir nun 25 Minuten Aufenthalt haben. Die Zitadelle mit dem Königspalast auf dem Felsen mitten in der Stadt und die blau angestrichenen Brahmanenhäuser und die wimmelnden Basare darunter geben einem das Gefühl, sich in einem Märchen zu befinden.

Die Sonne steht schon hoch am Himmel, als wir am sandigen Bahnsteig in Pokaran, der einzigen Stadt in der Region zwischen Jodhpur und Jaisalmer, anhalten. Die Schatten sind kurz, Ziegen wandern auf der Straße neben den Gleisen und wilde Kamele rennen über die Wüstensteppe. Hier werden wir zwanzig Minuten halten, stelle ich nach einem raschen Blick in den Fahrplan fest. Das wissen viele Reisenden, denn jetzt steigen sie aus dem Zug aus, um sich auf dem Bahnsteig zu versammeln und Tee zu kaufen, der heißer und würziger ist, und Pakoras, die frischer und knuspriger sind als die, welche die Wanderverkäufer an Bord anbieten.

Die Gespräche auf Bahnsteigen bei einem Zughalt sind oft anfänglich vielversprechend, werden aber aus natürlichen Gründen immer abrupt beendet. Gerade deshalb fließt das Gespräch oft gut. Wenn man sicher weiß, dass es bald einen definitiven Abschluss geben wird und dass man sich kaum wiedersehen wird, dann kann man jede Konversation ankurbeln und so provokant sein, wie man möchte. Ein bisschen wie die Gespräche, die in der Diele anheben, wenn die Gäste auf dem Weg nach Hause sind. Die streng umrissene Zeit, die man hat, schafft Freiheit.

Der Amerika Express

Der Lake Shore Limited – ein silberglänzender Stahl-
kokon – steht und wartet auf mich an einem der unter-
irdischen Bahnsteige an der Pennsylvania Station in
Manhattan, leider nicht mehr der historische Bahnhof,
der er einmal war, sondern nur noch ein seelenloses,
modernes Konstrukt. Endlich werde ich diesen Zug in
Wirklichkeit sehen. Aber so neugierig ich auch bin,
kann ich doch nicht einfach mit der Rolltreppe runter-
fahren und den Zug besteigen, so wie auf jedem anderen Bahnhof. Einen amerikanischen Zug zu entern, erfordert eine besondere Prozedur.

Auf meinem Ticket steht nicht, welchen Platz ich
habe, sondern nur *One reserved coach seat*. Auf den Bild-
schirmen mit der Überschrift *Departures* ist angegeben,
von welchen Gleisen die verschiedenen Züge abfahren.
Und selbst wenn es mir herauszufinden gelänge, auf
welchem Bahnsteig mein Zug sich befindet, dann wäre
es doch nicht gestattet, sich allein dorthin zu begeben.

An der Pennsylvania Station wäre das ein ebenso großes Vergehen, wie wenn man auf einem Flugplatz eine Tür öffnen und selbständig durch den Wind über den Asphalt gehen und sich auf der Treppe zum Flugzeug wartend hinstellen würde. Kurz gesagt: Ich würde brüsk zurückgewiesen werden. Wer weiß, vielleicht sogar bestraft werden.

Ich, der ich glaubte, ein Bahnreisender zu sein, bin erstaunt. Aber jetzt wird mir das amerikanische System allmählich begreiflich. Ich muss wie ein Flugreisender denken. Keine eigenen Initiativen. Warten und überhaupt nichts tun, bis einer etwas zu dir sagt. Dann wird alles gut.

Eine Lautsprecherstimme hat mitgeteilt, dass wir, die mit dem Amtrak-Zug Nummer 49 Lake Shore Limited nach Chicago fahren wollen, uns zum Service-Schalter in der großen Halle begeben sollen. Wer ein Schlafwagenabteil gebucht hat, entweder das etwas kleinere *Roomette* oder den größeren *Bedroom*, wird in einen Wartesaal gewiesen, wo es einen Tresen für das Einchecken von Koffern gibt, und Sitzplätze, wo man auf das Besteigen des Zuges warten kann. Wir, die nur einen Sitzplatz haben, müssen uns in eine Schlange stellen, die mit einem blau-weiß gestreiften Absperrband abgetrennt ist. Da müssen wir geduldig auf einen Bescheid warten, was als nächstes geschehen wird.

Der Rest der Welt ist auf die einfache Lösung gekommen, auf Informationstafeln anzugeben, von welchem

Gleis der Zug abfährt, und dann die Reisenden sich selbst dorthin begeben zu lassen, wann sie wollen, wie sie wollen, und einzusteigen, wann ihnen danach ist, vorausgesetzt, dass der Zug dort steht und aufgeschlossen ist. Das Beste daran ist, dass man im Grunde fast nie in der Schlange stehen muss, wenn man Zug fährt.

Doch in den USA denkt man anders. Hier haben die großen Bahnunternehmen eine der nervigsten und ermüdendsten Prozeduren des Fliegens kopiert: das ständige Schlangestehen.

Zum Glück müssen wir keine Koffer einchecken – das ist möglich, aber kein Zwang –, und es gibt auch keine Sicherheitskontrolle. Das ist ja schon mal was. Aber wir müssen eine halbe Stunde lang nett aufgereiht mit unserem Gepäck dastehen und ein Stück von Bahnsteig und Zug entfernt warten. Das Personal in gelben und blauen Sicherheitswesten mit der Aufschrift *customer service* läuft herum und ermahnt neu Angekommene: *Please line up here for train 49.*

Die Schlange wird länger. Mein Ärger wächst. Doch dann ist es endlich so weit. Zehn Minuten vor Abfahrt werden wir in einer Reihe durch die Halle zu den Rolltreppen hinunter auf den Bahnsteig im unteren Stockwerk geführt. Die ganze Zeit Personal, das mit den Armen wedelt – «hier gehen, nein, warten Sie kurz, bis die anderen von der Rolltreppe kommen, okay, jetzt können Sie gehen, jetzt weit am Bahnsteig entlang dort hinten hin …» – damit auch nichts schief geht. In den USA, denke ich verärgert, werden völlig gesunde Reisende so behandelt, als bräuchten sie Hilfe, um sich von der Wartehalle über eine Rolltreppe zu einem Bahnsteig zu begeben. Ich finde es schön, wenn man sich um mich kümmert, aber ich will nicht für unmündig erklärt werden. Was für eine Verschwendung von Personalressourcen! Wir werden zu den vorderen Wagen des langen Zuges geführt und treffen dort noch mehr Personal von Amtrak, das fragt, wohin wir reisen wollen.

«Chicago.»

«Okay, dann können Sie hier einsteigen.»

Im Zug kommt die nächste Überraschung, die mich zweifeln lässt, ob ich das mit dem Bahnfahren hier wirklich hinkriegen werde. Ich suche ein weiteres Mal auf meiner Fahrkarte nach der Sitzplatznummer. Ich weiß genau, dass ich auf der Seite des Unternehmens einen Sitzplatz gebucht habe. Vielleicht gibt es, so wie in Indien, irgendwo eine Liste? Vielleicht steht es im Kleingedruckten ganz unten? Doch nein, nirgends. Ich frage eine amerikanische Mitreisende.

«It's free seating», antwortet sie.

«Wirklich?»

Ich sehe mich um. Kein Grund zur Panik. Es gibt viel Platz, und der Zug füllt sich nur allmählich. Bisher sind die meisten Sitze noch leer, obwohl wir unter den Letzten in der Schlange in der großen Halle waren. Mehrere asiatische Touristen, die hinterhertrotteten, stehen mit ihren Tickets in den Händen da und sehen verwirrt aus.

Sie sind es offensichtlich auch gewohnt, dass die Sitzplatznummer auf dem Ticket steht.

«Setzen Sie sich hin, wohin Sie wollen», sage ich mit meinem neu gewonnenen Wissen.

«Ist das wirklich wahr?», fragt eine chinesische Frau.

«Ja, in Amerika ist *reserved coach* offensichtlich dasselbe wie *free seating*», versuche ich zu scherzen, und sie antwortet mit einem kurzen, angestrengten Lachen.

Die nächste Überraschung lässt die anfängliche Verärgerung darüber, wie ein Flugreisender behandelt zu werden, vergehen: Die Sitze in der billigsten Sitzwagenklasse sind breiter, großzügiger verteilt und können weiter schräg gestellt werden, als ich es je in einem Zug auf der Welt erlebt habe. Was Komfort und Beinfreiheit angeht, ist die amerikanische Zweite Klasse sogar geräumiger als die europäische Erste Klasse. Die weichen, breiten Sitze lassen mich den Ärger herunterschlucken.

Doch als die Abfahrtszeit schon zehn Minuten vergangen ist, kommt eine Lautsprecherdurchsage: «Entschuldigen Sie die Verspätung. Ursache ist, dass wir noch kein Zugpersonal haben.»

Dann kommt endlich das Zugpersonal, was mit einem lakonischen *Finally, they have arrived* verkündet wird. Sie tragen blaue Uniformen und dunkelblaue Uniformmützen, die wie kleine Pillendosen mit glänzenden Plastikschirmen geformt sind und sehr gut mit der Einrichtung der Wagen verschmelzen, die in denselben Nuancen gehalten sind, mit einer meeresblauen Auslegeware, marineblauen Polstern und blau-lila gemusterten Gardinen.

Zwanzig Minuten nach der fahrplanmäßigen Abfahrtszeit rucken die Wagen an, und wir sind unterwegs. Die dunklen Tunnel, nur wenige Meter unter Manhattans neonleuchtenden Avenues, kommen einem wie eine gruselige Schattenwelt vor. Sie sind mit Graffiti bedeckt, und am Rand liegen Müll, grauer Kies, rostige Eisenträger, verstaubte Arbeitsmaschinen und schmutzige Kabeltrommeln. Die Züge von Amtrak fahren durch das finstere Darmsystem der Stadt, durch die Nerven und den Blutkreislauf der Zivilisation.

Doch dann bricht das Licht herein. Wir kommen am Westufer Manhattans heraus und fahren am Hudson entlang. Segelclubs, Strandpromenaden, Parks, aufgelassene Fabrikgebäude aus rotem Ziegelstein, Schlammbagger, Kähne und die gewaltige George-Washington-Brücke, die aussieht, als sei sie aus Baufix. Die nächsten drei Stunden folgen die Schienen dem Fluss aufwärts nach Norden.

Schon bald weicht das Innenstadtmilieu den Villenvororten. Ich sehe direkt in die Schlafzimmer von verwitterten, weißen Holzhäusern und denke an den Jungen in Bruce Springsteens *Downbound train*, der seinen Job und sein Mädchen verloren hat und von der Nacht träumt: «*Nights as I sleep, I hear that whistle whining/I feel her kiss in the misty rain/And I feel like I'm a rider on a downbound train.*»

Wir fahren an Städten vorbei, deren Namen alle etwas zu erzählen haben. Greystone, Poughkeepsie, Statsburg, Germantown, Tivoli. Und dann Sing, das berühmte Hochsicherheits-Gefängnis in Ossining, wo die Eisenbahn direkt durch das Gefängnis fährt, mit hohen Zäunen und Stacheldraht auf beiden Seiten der Gleise.

Allmählich verschwindet die Bebauung und wird durch gelbes Röhricht, Moor und dichte Waldstücke mit Laubbäumen ersetzt. Auf der anderen Seite des Flusses steile Felswände und am Horizont bläuliche, sanft gerundete Berge, waldbedeckt und wild. So sah es auch vor 150 Jahren aus, als die europäischen Neusiedler herkamen, die Einwanderer, die in Ellis Island angekommen waren, eine Weile in einer dreckigen Herberge in New York gewohnt hatten und sich jetzt aufmachten, um ein Stück Land zu finden, das sie bestellen konnten. Vielleicht nahmen sie das Flussboot. Oder den Zug. Denn die Gleise, auf denen wir fahren, waren die ersten des Landes mit regulärem Verkehr. Schon 1831, nur ein Jahr nach der Einweihung der Strecke Liverpool – Manchester auf der anderen Seite des Atlantiks, begannen die Züge auf der Mohawk & Hudson Railroad zu rollen.

In Europa baute man Eisenbahnen, um Kohle und Baumwolle zwischen den Gruben, den Häfen und den Fabriken zu transportieren. In den USA baute man Eisenbahnen, um die Wildmark für die Zivilisation und die wirtschaftliche Nutzung zu erschließen. Effektive Transportmittel waren vonnöten, um überhaupt weiter nach Westen vordringen zu können. Erst die Flussdampfer und dann die Eisenbahn wurden ein «Instrument, um die amerikanische industrielle Revolution in Gang zu setzen», wie Lyndon B. Johnsons Sicherheitsberater und Ökonom Walt Whitman Rostow es formulierte.

An die Immigranten aus Europa wurde unter recht unklaren rechtlichen Bedingungen kostenlos Grund und Boden abgegeben, und die Eisenbahn machte die unerschlossene Wildnis für den Menschen zugänglich. Die Amerikaner sahen die industrielle Revolution niemals als eine Bedrohung an, weil sie von Anfang an zur Geschichte des Landes gehörte. Sie wurde schnell ein natürlicher Teil der nationalen und kulturellen Identität. Die Hauptszenarien waren dabei nicht Industriestädte wie Manchester, sondern Flussdampfer und breit verstreute Eisenwerke, Sägewerke und Dreschwerke – mit anderen Worten, Orte, die mit der Bewegung über große Entfernungen hinweg und der Eroberung der bis dahin praktisch unberührten Natur zusammenhängen.

In England sah William Wordsworth von seinem Heim in Somerset, wie die qualmenden und schnaubenden Loks das pastorale Idyll, über das er so gern dichtete, zerstörten. Auch im übrigen Europa fanden viele, dass die Maschinen, die Mechanik und die Industrien nachgerade zerstörend wirkten, weil sie den Nutzen einer hoch entwickelten Handwerkskultur (die kleinen

Schmieden und Tischlereien) und die Reisekultur (das System der Pferdekutschen) untergruben. In den USA hingegen wurden die Züge und die Fabriken als die Rettung, Hoffnung und das Mittel zum Überleben angesehen. In Amerika gab es auch keine Handwerks- oder Reisekultur, sondern fast ausschließlich Landwirtschaft und Wildnis.

Vor dem Aufkommen der Eisenbahnen fuhr man zu Wasser. Mit Ausnahme einiger Strecken an der Ostküste waren die Straßen, die meist Verbindungen zwischen Flüssen und Seen darstellten, unbeschreiblich schlecht. Die ersten Einwanderer begannen ihre Reise an der Küste und folgten Wasserwegen, so weit das möglich war. So war es ursprünglich auch in Europa, als man den Flüssen vom Mittelmeer nach Norden folgte. Doch während es in Europa mehr als tausend Jahre dauerte, die Wasserwege durch zuverlässige Landstraßen zu ersetzen, geschah dieselbe Entwicklung in Nordamerika in weniger als hundert Jahren.

Die Wasserwege leben noch im Sprachgebrauch. Deshalb heißt es im amerikanischen Englisch *to ship*, wenn man etwas innerhalb der Landesgrenzen transportiert, ganz gleich, ob dieser Transport zur See, über Land oder in der Luft geschieht. Das ist die Erinnerung an die Zeit, als alle Transporte mit Flussdampfern abgewickelt wurden, die anfänglich das wichtigste technische Werkzeug zur Eroberung der Wildnis und zur Verschiebung der *frontier* nach Westen waren.

In Europa baute man hauptsächlich Eisenbahnen zwischen den Städten. In Nordamerika verband man Regionen mit Dörfern und Kleinstädten, die zuvor nur über das Wasser erreicht werden konnten, wie zum Beispiel das Ohio-Tal, die großen Seen und Kalifornien. Man baute eine Eisenbahn durch ausgedehnte Wildnis, doch nur selten ins leere Nichts, sondern um bereits existierende, abgeschiedene Orte zu erreichen, die man zuvor ausschließlich auf dem Wasserwege besuchen konnte.

In England verlegte man die Schienen so gerade wie möglich, weil die Arbeitskräfte billig und der Boden teuer waren. Deshalb lohnte es sich, Tunnel zu bohren, Brücken zu konstruieren und durch Hügelketten und Berge zu schneiden, um die gerade Linie einzuhalten und so wenig Boden wie möglich kaufen zu müssen. In den USA war es umgekehrt. Hier war die Arbeitskraft teuer, aber der Boden gratis. Manchmal bekamen die privaten Bahnunternehmen zudem staatliche Unterstützung für jeden Kilometer Schienen, den sie verlegten. Außerdem verschenkte die Regierung große Landgebiete an die Eisenbahnunternehmen, die sie dann später mit gutem Gewinn weiterverkaufen konnten. Deshalb sprengte man sich nicht geradeaus durch die natürlichen Hindernisse, sondern verlegte die Schienen nach dem Flusslaufprinzip, soll heißen, um die Hindernisse herum. In einem Artikel in der Zeitschrift *Atlantic Monthly* von 1858 wird beschrieben, wie der englische Eisenbahningenieur «allen Widerstand wie Flüsse und

Berge» überwinden will, während sein amerikanischer Kollege sich immer «rücksichtsvoll gegenüber den natürlichen Hindernissen auf seinem Weg zeigt, der Bergkette, die sich vor ihm auftürmt, Respekt zollt».

Doch der Historiker Wolfgang Schivelbusch weist in «Geschichte der Eisenbahnreise» darauf hin, dass es hier vielleicht nicht so sehr um Respekt ging, sondern mehr um wirtschaftliche Realitäten, also darum, die Eisenbahn so billig wie möglich zu bauen. Und billig war es. Tunnel und Brücken sind teuer, davon baute man also so wenige wie möglich. Ein Kilometer amerikanische Eisenbahn kostete deshalb nur ein Zehntel von dem einer englischen Bahn.

Nein, in Nordamerika fand man nicht, dass die Eisenbahn die Landschaft zerstörte. In *The Young American* beschreibt der Dichter und Essayist Ralph Waldo Emerson sie vielmehr als einen vitalen Energieschub im Dienste der Menschlichkeit und der Natur. Die Eisenbahn sei «ein Zauberstab, der die schlafenden Energien der Erde und des Wassers zum Leben erwecken kann». Die Natur sei nicht erobert oder zerstört worden, sondern aus ihrem Schlummer geweckt. Die Eisenbahn und die Dampfkraft, so meinte Emerson, seien ebenso ein Produkt der Natur selbst wie der Mensch.

Als ob sie lebendige Wesen seien, bekamen alle Züge allmählich Namen und nicht nur Nummern. Die Romantik um das Bahnfahren in den USA beginnt schon, wenn man eine Reise buchen will und die Liste aller

Züge auf der Website von Amtrak sieht. Da bleibe ich vor dem Computer hängen und träume mich mit Hilfe der fantasieanregenden Zugnamen in die Welt hinaus. So machte es auch die britische Schriftstellerin Jenny Diski, ehe sie mit dem Zug zwei Runden durch die USA fuhr, um das Buch *Strangers on a train*, das 2002 erschien, zu schreiben. Vor der Abfahrt las auch sie die Namen der Züge laut vor sich hin.

«Belustigt, aber auch bezaubert von der romantischen Einstellung Amerikas zu sich selbst», schreibt sie, «wollte ich die Namen laut ausgesprochen hören, wollte sie in der Stille zu mir als Echo holen: Lake Shore Limited, Empire Builder, Coast Starlight, California Zephyr, Sunset Limited, Crescent, Southwest Chief. Ich fand schade, dass ich nicht mit dem Adirondack, Ethan Allen Express, Silver Service, Cardinal Capitol Limited, City of New Orleans, Texas Eagle und Cascades würde fahren können, aber ich nutzte die Gelegenheit, ihre Namen laut zusammen mit denen zu sagen, die ich wirklich besteigen würde.»

Ich selbst bedauere, dass ich nie den Hiawatha, den Maple Leaf, den Missouri River Runner, den Pacific Surfliner, den Silver Star und den Silver Meteor besteigen durfte. Aber ich begnüge mich wie Jenny Diski damit, sie laut für mich selbst auszusprechen, so wie wenn man ein Gedicht oder einen Psalm liest, um den Nachklang der erfinderischen und träumerischen Zugnamen zu genießen.

Der Zug in die Zukunft

Innerhalb von zweihundert Jahren hat sich die Eisenbahn von etwas Bedrohlichem in etwas Hoffnungsvolles verwandelt. Früher einmal wurde sie als luftverschmutzend, ruhestörend, als ein Symbol für die zerstörerische Industrialisierung angesehen, für das Elend der Urbanisierung, die Schattenseiten des Kapitalismus, soziale Entfremdung und Umweltzerstörung. Dank der Elektrifizierung und im Kontrast zum Autofahren und Fliegen hat sich das Bild gewandelt, und die Eisenbahn wird heute stattdessen als eine Lösung für die Staus in den Großstädten und die Klimaerwärmung der Erde angesehen, eine Transportmethode für diejenigen, die Verantwortung für das Gemeinwohl übernehmen und sich um die Zukunft kommender Generationen sorgen.

Aber wie ist es möglich, dass sich die Technik mit Waggons auf Rädern, die auf Schienen gezogen werden, im Grunde seit jener allerersten regulären Bahnfahrt zwischen Manchester und Liverpool vor 200 Jahren nicht verändert hat? Nun, weil es eine technische Grundvoraussetzung gibt, die dafür spricht, dass der Zug eine ebenso bahnbrechende Erfindung für den Menschen war wie das Feuer und das Rad.

Weil der Zug Stahlräder hat, die auf Stahlschienen fahren, ist der Reibungswiderstand extrem niedrig. Das habe ich vom Verkehrswissenschaftler Oskar Fröidh von der Königlichen Technischen Hochschule (KTH) in Stockholm gelernt. Die Fläche, auf der Rad und Schiene aufeinandertreffen – die Auflagefläche –, ist kleiner als eine Euromünze. Auch wenn auf jedem Rad zehn Tonnen ruhen, ist nur äußerst wenig Energie erforderlich, um den Zug nach vorn zu ziehen. Ein Auto mit Gummirädern erzeugt viel mehr Reibung und fährt auch träger, weil die Reifen weich sind, um federn zu können und einen besseren Griff auf die Straßenoberfläche zu haben. Ein Flugzeug muss den Luftwiderstand überwinden und Tempo aufnehmen, damit es starten, zehntausend Meter aufsteigen und sich dann in der Luft halten kann. Jedem ist klar, dass das viel Energie erfordert. Fähren können energieeffizient sein, solange sie in langsamem Tempo vorwärts gleiten, doch sobald sie schneller werden, nehmen Wasserwiderstand und Treibstoffverbrauch zu, was dazu führt, dass Schnellfähren mehr Treibstoff pro Passagier und Kilometer verbrauchen und mehr Treibhausgase absondern als die treibstoffärmsten Flugzeuge.

Doch wenn man mit einem modernen Zug fährt,

dann ruht jeder Waggon sicher auf acht Rädern mit einer Kontaktoberfläche, die also nicht größer ist als acht solcher kleinen Münzen, während die Räder mit mehr als zwanzig Umdrehungen in der Sekunde rotieren. Es gibt heutzutage ganz einfach keine andere Methode, sich mit so wenig Reibungswiderstand und so wenig Energieverbrauch, aber mit so viel Last und in so schnellem Tempo fortzubewegen. Das trifft auch zu, wenn der Zug von Dieselloks gezogen wird, oder wenn die Elektrizität aus Kohlekraftwerken stammt. Doch den größten Gewinn für die Umwelt hat man natürlich bei Zügen, die mit aus Wasserkraft, Sonnenenergie, Windenergie oder einer anderen nicht-fossilen Energiequelle gewonnenem Strom betrieben werden.

Wenn wir unser Reiseverhalten ändern und uns gegen Auto und Flugzeug entscheiden, dann müssen mehr Eisenbahnstrecken gebaut werden. Viel mehr. Dieses Projekt ist in Gang gekommen. Derzeit werden in der ganzen Welt neue Schienen gelegt, und zwar in einem Tempo, das es seit dem großen Ausbau vor über hundert Jahren nicht gegeben hat. An vielen Stellen baut man Hochgeschwindigkeitsstrecken, unter anderem in Großbritannien, Deutschland, Polen, Österreich, Ungarn, Serbien, Indien, Thailand, Malaysia, Saudi Arabien, Israel, Marokko, Nigeria und Mexiko. In den USA werden neben Kalifornien auch auf Hawaii und in Florida neue Hochgeschwindigkeitsstrecken angelegt. Und nicht zuletzt werden sehr viele neue Gleise kreuz und quer durch China und entlang der alten Seidenstraßen nach Westen durch Zentralasien gebaut. Außerdem wird in Amsterdam, Barcelona, Paris, London, Hanoi, Hongkong, Mumbai, Ottawa, Toronto, Buenos Aires, Santiago de Chile und Sydney viel Geld in den Regionalverkehr investiert. Und da habe ich noch nicht alle U-Bahn- und Straßenbahnprojekte im Nahverkehr auf der ganzen Welt mitgezählt.

Natürlich führen alle diese Bauvorhaben für neue Eisenbahnstrecken zu einem gesteigerten Kohlendioxydausstoß, genau wie bei Wohnungs- und Industriebauten auch, weil man enorme Mengen Stahl und Zement produzieren muss, um die neuen Strecken anzulegen. Dennoch kann man bei der Bahn in relativ kurzer Zeit einen Gewinn für Umwelt und Klima erzielen. Oskar Fröidh berichtet, dass die Botniabanan, die 190 Kilometer lange Strecke entlang der Küste von Norrland, die 2010 fertiggestellt wurde, nach fünfzehn Jahren den Ausstoß wieder eingespart hat, den ihr Bau verursachte, und von da an mehr oder weniger klimaneutral fährt.

Es gibt ganz einfach keine energie- und kapazitätseffizientere Methode, zu Land viele Menschen und große Mengen Güter zu transportieren.

Kollektive Transportmittel wie Straßenbahn, U-Bahn, Zug und selbst Bus sind auch die Antwort auf die Verkehrsinfarkte, von denen die Großstädte der Welt heimgesucht worden sind. Wer einmal versucht hat, in der Rushhour auf den Einfallstraßen von Peking, Shanghai,

Bangkok, Teheran, Los Angeles und New Delhi oder Stockholm, Hamburg, London und Paris vorwärts zu kommen, der weiß, was zu erwarten ist. Ewiglange Staus. Erhöhter Blutdruck. Stressboost. Durch Abgase vergiftete Luft. Und in jeder kleinen Blechdose eine oder höchstens zwei Personen. In Stockholm sitzen laut einer Untersuchung des Beratungsunternehmens WSP Group im Durchschnitt 1,26 Personen in jedem Auto. Und im Rest von Europa sieht das nicht viel anders aus, bekundet das Europäische Umweltbüro. Kann man sich eine beklopptere Methode vorstellen, den Alltagsverkehr in einer Großstadt zu regeln?

Selbst wenn wir in größerem Umfang Elektroautos bekommen und auf diese Weise den Ausstoß kräftig verringern, würde das noch überhaupt nicht das Problem der Enge lösen. Ein sauberes Elektroauto nimmt schließlich exakt genauso viel Platz weg wie ein schmutziges Benzinauto. Außerdem sind all die Batterien, die dafür hergestellt werden müssen, sehr umweltschädlich.

«Natürlich reduziert man den Ausstoß des Autos selbst», sagt Oskar Fröidh, «doch die Herstellung von Autobatterien führt auch zu hohen Kohlendioxidemissionen. Und dann müssen die Batterien nach einer gewissen Anzahl an Ladungen ausgetauscht werden. Das bedeutet tatsächlich eine enorme Umweltbelastung. Darüber hinaus braucht man dafür seltene Erden. Das sind endliche Ressourcen, die bereits jetzt knapp sind.»

Biotreibstoff ist auch nicht ganz unproblematisch.

Antriebsmittel aus Biomasse herzustellen, konkurriert mit der Produktion von Holz, Papier und Lebensmitteln.

«Und wenn wir alle Autos und Flugzeuge mit Biotreibstoff betreiben, dann führt das zu einer massiven Abholzung der Wälder.»

Die Bäume würden ganz einfach nicht ausreichen. Nicht einmal in einem waldreichen Land wie Schweden. Das Autofahren und Fliegen fortzusetzen, aber nun bloß mit Biotreibstoff, erzeugt mit anderen Worten einen immer größeren Kahlschlag. Allen fossilen Brennstoff auf der Welt durch Biotreibstoff zu ersetzen, heißt, sich von unseren Wäldern zu verabschieden.

Die Lösung ist, dass wir anfangen müssen, gemeinsam zu reisen. Am besten auf Schienen. Natürlich bedeutet das, verglichen mit dem Auto, eine Einschränkung der Freiheit. Man muss ein Ticket kaufen, man ist von einem Fahrplan abhängig, man muss sich mit anderen Menschen arrangieren. Doch vermutlich ist das der Preis, den wir dafür bezahlen müssen, einen mobilen Lebensstil aufrechtzuerhalten und gleichzeitig das Klima und den Wald zu retten – und trotzdem rechtzeitig zur Arbeit, zum Abendessen und zum Kindergarten zu kommen.

Gibt es denn keine modernere Reiseform als die Bahn, wenn es darum geht, mit überschaubarem ökologischem Fußabdruck Menschen und Güter schnell und effektiv über ausgedehnte Strecken zu transportieren? In ihrer grundlegenden Form ist schließlich die Bahntechnik nicht nur 200 Jahre alt, sondern eigentlich ebenso alt wie die westliche Kultur. Schon in der griechischen Antike vor über tausend Jahren wurde diese Technik angewandt, auch wenn es da Sklaven oder Zugtiere waren, die Wagen auf Holzgleisen zogen. Zwischen dem Golf von Korinth und dem Saronischen Golf, wo heute der Kanal von Korinth verläuft, wurden kleinere Schiffe mit Ladung über Hellinge mit Holzschienen quer über die Landzunge gezogen. Die Griechen nannten das *di' olkos*, «quer rüber fieren».

Aber doch, es gibt eine modernere Form, nur ist die noch nicht fertig entwickelt. Aber bald – das hoffen zumindest Elon Musk, Richard Branson und eine Gruppe anderer amerikanischer Ingenieure, Unternehmer und Risikokapitalisten. In Kalifornien hat Musk die Technik in seinen Unternehmen Space X und The Boring Company entwickelt, während Branson das Unternehmen Virgin Hyperloop One gegründet hat, um die Transportmethode ganzheitlich zu testen, die in Ermangelung eines anderen, besseren Begriffs noch Hyperloop genannt wird. Das klingt wie die Attraktion in einem Vergnügungspark, ist aber eher etwas, wovon die Arbeitspendler der Zukunft Nutzen haben können. Momentan verhandelt das Unternehmen mit Behörden und Firmen auf der ganzen Welt, um einen regulären Verkehr mit der neuen futuristischen Transporttechnik in Gang zu bringen, in das auch Siemens, Airbus und die Deutsche Bank Projektgelder investiert haben.

Was ist Hyperloop eigentlich?

Die einfachste Erklärung lautet: Fahrzeuge, die in Röhren mit gesenktem Luftdruck vorwärts schießen. Okay, aber ist das nun ein Zug ohne Räder und Schienen oder ein niedrig fliegendes Flugzeug ohne Flügel? Oder eine in einem geschlossenen Rohrsystem gefangene Raumkapsel?

Vielleicht kann man es am einfachsten mit der Rohrpost vergleichen, wenn man nun weiß, was das ist. Dieses altertümliche System, kleine Sachen in einer runden, ungefähr 30 Zentimeter langen Kapsel in einem geschlossenen Rohrsystem herumzuschicken. Ein bisschen wie die Vorstellung eines Steampunkers von einem anachronistischen Email-System aus dem 19. Jahrhundert. Doch die Rohrpost ist keine Fantasie. Ich erinnere mich daran aus den Zeitungshäusern der 1980er-Jahre, als man auf diese Weise Manuskripte, Fotokopien und Layoutskizzen von der Redaktion in die Setzerei schickte. «Flopp» machte es, wenn eine Kapsel mit Hilfe von Druckluft losfuhr, die durch einen Über- oder Unterdruck in der Röhre erzeugt wurde. «Kladunk» machte es, wenn eine Kapsel in der Rohrpoststation in der Fotoabteilung ankam, in der ich arbeitete. Von der Mitte des 19. bis zum Ende des 20. Jahrhunderts gab es ausgedehnte Rohrpostsysteme, die sich nicht nur auf einzelne Gebäude oder Unternehmen beschränkten, sondern auch ganze Viertel miteinander verbanden. Solche Systeme gab es unter anderem in Berlin, Paris und Prag.

Da man keine physischen Manuskripte und Papierkopien von Bildern mehr verschicken muss, sondern sie als Files mailen kann, ist die Rohrpost seit langem aus den Redaktionen verschwunden, doch gibt es das System noch in Krankenhäusern, wo man schnell und effektiv lebendes Material wie Blut- und Gewebeproben transportieren muss. Und in größeren Warenhäusern, wenn man schnell Bargeld in den sicheren Tresor schicken will. In den letzten Jahren hat man das System sogar ausgebaut. Viele Dokumente müssen persönlich unterschrieben werden, und es würde viel zu lange dauern, damit durch die Flure zu laufen. In den Regierungsgebäuden in der Stockholmer Innenstadt werden ungefähr 300 Sendungen täglich durch das insgesamt vier Kilometer lange Rohrsystem geschickt.

Hyperloop ist also eine Art Rohrpost, nur für Menschen anstelle von Verträgen und Blutproben? Ja, ungefähr so. Doch bei Hyperloop One in Los Angeles nennt man die Kapseln Pods.

Ich bin mit Malcolm Sjödahl vom globalen Infrastruktur- und Städtebauunternehmen Ramboll in Stockholm verabredet. Er sei, so habe ich gehört, einer der energischsten Förderer der Hyperlooptechnik in Schweden. Er hat Kommunen wie Reichstagsabgeordnete aufgesucht, um sie für diese Idee aus dem Westen zu begeistern.

«Wir reisen heute viel, und deshalb müssen wir jeden Stein umdrehen, um eine umweltfreundlichere Gesellschaft zu bekommen und müssen versuchen, die Voraussetzungen für kluge Transportlösungen zu schaffen», sagt er, als wir uns im Stockholmer Büro des Unternehmens treffen.

«Zunächst einmal ruht die Röhre auf Pfeilern, was bedeutet, dass man den Barriere-Effekt vermindert. Zugschienen und Autostraßen begrenzen das Habitat und hindern Kröten, Elche und andere Tiere daran, sie zu überqueren. Mit Hyperloop können sie unter der Bahn hindurch. Zum anderen ist der Hyperloop viel weniger störungsanfällig. Alles – Kontaktleitungen, Weichen, Signalsystem – befindet sich in der Röhre. Da kann es kein rutschiges Laub, keine vereisten Weichen oder Gleisverwerfungen geben, und keine umfallenden Bäume können die Strecke blockieren.»

«Aber vor allem», betont Malcolm Sjödahl, «ist der Hyperloop energieeffizient. Der Wagen, oder der Pod, wird in der Röhre von einem elektrischen Induktionsmotor angetrieben. Das ist wie ein riesig langer Motor auf einer Spule in der Mitte der Röhre, der ein Magnetfeld erzeugt, das den Pod vorwärts zieht. Und man muss jeweils nur eine Spule elektrifizieren, um den Zug in Gang zu bringen. Der Pod fährt durch magnetische Levitation, oder anders ausgedrückt: er hängt 25 Millimeter über der Mittelschiene an einem Magnetkissen.

Bei einer gewöhnlichen Eisenbahn gibt es nur eine

kleine Friktion zwischen Rad und Schiene, das stimmt, aber wenn man auf 300 Stundenkilometer beschleunigt, wächst der Luftwiderstand dramatisch. Da klaut der Luftwiederstand einen großen Teil der Energie, die der Zug benötigt. Der Punkt mit der Hyperloop-Röhre ist, dass man den Luftdruck und damit den Widerstand verringert.»

Rein logisch soll das System wie eine Autobahn für Autos funktionieren. In der Hauptröhre fährt man immer volles Tempo. Beschleunigen und bremsen kann man in der Nebenröhre, was den Auf- und Ausfahrten der Autobahn entspricht.

Schon heute gibt es einige wenige Züge im Fernen Osten, die auf einem magnetischen Luftkissen fahren, allerdings nicht in geschlossenen Röhren mit gesenktem Luftdruck. Diese Magnetschwebebahnen werden Maglev-Bahnen genannt, was eine Abkürzung von magnetischer Levitation ist.

Es gibt eine Bahn vom Flugplatz in die City von Shanghai und andere in Changsha und Peking sowie in Incheon in Südkorea und in Linimo in Japan.

Derzeit bauen die Japaner überdies eine 440 Kilometer lange Maglev-Bahn zwischen Tokio und Osaka. Die erste 270 Kilometer lange Etappe bis Nagoya wird 2027 fertig werden, und da wird die Bahn dann mit knapp 500 Stundenkilometern entlangsausen. Der Nachteil mit der Maglev-Bahn im Vergleich zum Hyperloop ist, dass man das Problem mit dem Luftwiderstand nicht gelöst hat, der bei den hohen Geschwindigkeiten, die da gefahren werden, viel Energie frisst.

Wie weit ist man denn in der Praxis schon mit der Rohrpost für Menschen gekommen? Wie weit sind die futuristischen Träume gediehen, und wie viel ist schon fertig entwickelt und erprobt, sodass es morgen schon in Betrieb genommen werden könnte? Sarah Lawson von Hyperloop One erzählt mir am Telefon aus Los Angeles, dass das was 2014 mit einer Skizze auf einem Whiteboard in der Garage zu Hause bei einem der Unternehmer begann, heute eine 500 Meter lange Teststrecke nördlich von Las Vegas in der Wüste von Nevada ist. Dort hat man hunderte Male die Pods bei Geschwindigkeiten von bis zu 400 Stundenkilometern erprobt, was schnell ist, aber noch weit von der Vision entfernt, dass man schneller als moderne Jetflugzeuge – also tausend Stundenkilometer – sein will. Trotzdem, sagt Sarah Lawson, ist der Hyperloop bereit, kommerziell eingeführt zu werden.

Im Moment, so erzählt sie, ist man dabei, die Technik von verschiedenen Behörden absegnen und zertifizieren zu lassen. Bisher hat man die verschiedenen Bedingungen der Behörden zu zwei Dritteln erfüllt. Weitere Tests stehen, mit anderen Worten, noch aus. Derzeit verhandelt man mit Administrationen in Südspanien und in vier amerikanischen Bundesstaaten, wo man weitere Teststrecken starten möchte.

Am positivsten ist man der neuen Technik gegenüber bisher im Osten eingestellt.

«Im Ausland arbeiten wir eng mit verschiedenen Regierungen im Nahen Osten und mit der Regierung in Maharashtra [ein Bundesstaat in Westindien] zusammen. Wir stehen jetzt kurz vor einem Abschluss für einen Hyperloop zwischen Pune und Mumbai, der noch 2019 begonnen werden soll.»

«Aber warum muss man ein ganz neues technisches System einführen, wenn wir doch die erprobten Eisenbahnen haben?», frage ich. «Reichen Hochgeschwindigkeitszüge auf Stahlgleisen nicht aus?»

«Hyperloop ist dreimal schneller als ein Zug und zehnmal energieeffizienter als ein Flugzeug», antwortet Sarah Lawson. «Und im Unterschied zu Zug und Flugzeug muss der Hyperloop sich an keinen Fahrplan halten. Die Idee ist, dass man ein Pod ungefähr so wie ein Taxi bestellt. Da können mehrere in der Minute losfahren und Passagiere und Güter aufnehmen und direkt und ohne Halt unterwegs an ihr Ziel bringen. Das bedeutet, dass die Reise sehr umweltfreundlich sein wird.»

Ich frage, ob man sich in der Zukunft auch Hyperloopröhren unter dem Atlantik vorstellen soll, für schnelle und klimaneutrale Reisen zwischen Europa und Amerika.

«Ja», antwortet sie, «Hyperloop kann auf Pfeilern über Land und in Tunneln unter Land oder Meer hindurch gebaut werden. Technisch gesehen wäre das also möglich. Aber wir konzentrieren uns auf Strecken, die wir kommerziell attraktiv finden. Und da liegt der ideale Abstand zwischen 50 und 1000 Kilometern, bisher noch nicht bei längeren Stecken.»

Malcolm Sjödahl von Ramboll meint, dass Schweden und andere europäische Länder genauso mutig sein sollten wie der Bundesstaat Maharashtra in Indien und die Gemeinde Salo in Südfinnland, die kostenloses Land für eine Teststrecke des Hyperloop zur Verfügung gestellt haben. Er kann sich vorstellen, dass der Hyperloop mit demselben Modell der Zusammenarbeit Wirklichkeit werden kann, das einst für die Entwicklung des Stromnetzes und der Handytelefonie entscheidend war, soll heißen, ein Zusammenspiel zwischen privaten Unternehmen und staatlichen Behörden.

«Ich suche nach einer Symbiose zwischen Staat und Wirtschaft», sagt er. «Staatliche Förderungen und private Entwickler können zusammen Wunder bewirken.»

Er schlägt vor, dass man die neue umweltfreundliche, energieeffiziente und schnelle Transportmethode in Skandinavien testet. Zum Beispiel auf der Strecke Stockholm – Oslo, wo die Züge heute langsam sind und die meisten das Flugzeug wählen. Oder um den Mälaren, wo viele Pendler zwischen Stockholm, Västerås Arboga, Eskilstuna und Strängnäs unterwegs sind. Vielleicht, so meint er, würde eine vorsichtige Investition genügen, bei der man finanziell auf der sicheren Seite wäre, wie bei der 70 Kilometer langen Strecke zwischen Stockholm und Uppsala, die heute 16 000 Reisende täglich befördert. Mit Hyperloop würde die Reise zehn Minuten dauern, und Uppsala würde sich wie ein direkter Vorort von Stockholm anfühlen.

Ich denke, was die Londoner Zeitschrift *Quarterly Review* 1839 schrieb, als die traditionelle Eisenbahn noch in den Kinderschuhen steckte. Über den Zug, der mit seiner Schnelligkeit Raum und Entfernung aufhebt. An dem Tag, an dem der Hyperloop Wirklichkeit wird und wir zwischen Job und Zuhause in Jetgeschwindigkeit pendeln, wird dieser Gedankengang sicherlich wiederkehren.

Über den Autor

Per J. Andersson ist ein schwedischer Journalist und Schriftsteller und Mitbegründer von Schwedens bekanntestem Reisemagazin. Bei C.H.Beck sind von ihm *Vom Elefanten, der das Tanzen lernte. Mit dem Rucksack durch Indien* (2019), *Vom Schweden, der die Welt einfing und in seinem Rucksack nach Hause brachte. Reisen in die Ferne und zu sich selbst* (⁹2019) und *Vom Schweden, der den Zug nahm und die Welt mit anderen Augen sah* (²2020) erschienen.

der 70 Kilometer langen Strecke zwischen Stockholm und Uppsala, die heute 16 000 Reisende täglich befördert. Mit Hyperloop würde die Reise zehn Minuten dauern, und Uppsala würde sich wie ein direkter Vorort von Stockholm anfühlen.

Ich denke, was die Londoner Zeitschrift *Quarterly Review* 1839 schrieb, als die traditionelle Eisenbahn noch in den Kinderschuhen steckte. Über den Zug, der mit seiner Schnelligkeit Raum und Entfernung aufhebt. An dem Tag, an dem der Hyperloop Wirklichkeit wird und wir zwischen Job und Zuhause in Jetgeschwindigkeit pendeln, wird dieser Gedankengang sicherlich wiederkehren.

Über den Autor

Per J. Andersson ist ein schwedischer Journalist und Schriftsteller und Mitbegründer von Schwedens bekanntestem Reisemagazin. Bei C.H.Beck sind von ihm *Vom Elefanten, der das Tanzen lernte. Mit dem Rucksack durch Indien* (2019), *Vom Schweden, der die Welt einfing und in seinem Rucksack nach Hause brachte. Reisen in die Ferne und zu sich selbst* (⁹2019) und *Vom Schweden, der den Zug nahm und die Welt mit anderen Augen sah* (²2020) erschienen.